TRAITÉ PRATIQUE

COMPLET

D'IMPRESSION PHOTOGRAPHIQUE

TRAITÉ PRATIQUE

COMPLET

D'IMPRESSION PHOTOGRAPHIQUE

AUX

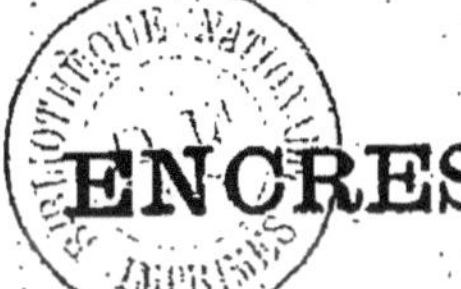

ENCRES GRASSES

PAR

L. MOOCK

Opérateur.

PARIS

J. AUDOUIN, ÉDITEUR

5, Cité Bergère, 5

1874

PARIS. — TYPOGRAPHIE Ve EDOUARD VERT
Rue Notre-Dame-de-Nazareth, 29.

AVANT-PROPOS

Depuis la découverte faite par Nicephore Nièpce et Daguerre, la photographie a subi des transformations nombreuses ; d'un art si restreint au début, elles en ont fait un allié sérieux des arts et de l'industrie, à qui, par ces nombreuses applications, elle rend aujourd'hui de si grands services, quand elle ne les surpasse pas, par ses progrès constants.

Toutes ces modifications de l'art primitif, sont dues à une infinité de découvertes, petites ou grandes, faites pour la plupart dans le laboratoire des chercheurs infatigables, d'où elles ont passé insensiblement dans celui du praticien.

De ces découvertes, quelques-unes, ainsi qu'il arrive toujours, sont le fait du hasard. Pour n'en citer qu'un exemple, la découverte de l'agent développateur des plaques daguéréennes, faites par Daguerre, qui, ayant abandonné une plaque trop peu posée dans une armoire, où il y avait une bouteille de mercure, trouva, quelques jours plus tard, sa plaque parfaitement venue; en ayant recherché la cause, il découvrit les propriétés développatrices des vapeurs mercurielles.

Les découvertes de ce genre, quoique le hasard y joue le principale rôle, n'en doivent cependant, pas moins honorer ceux qui les font, car entre d'autres mains que celles d'un savant, ces accidents heureux seraient complétement perdus.

C'est ainsi que l'histoire de la photographie, commençant aux premières recherches de Nicephore Niépce, étendant du bitume de Judée sur une surface plane qu'il développait à l'aide du naphte et de de la benzine, puis, passant par les plaques de Daguerre, les négatifs sur papier, les négatifs sur albumine de Niépce de Saint-Victor, neveu du premier inventeur, arrivait au collodion pharmaceutique rendu sensible par l'adjonction des iodures et bromures.

A ce moment, la photographie était arrivée à un tel degré de perfection, qu'il semblait qu'il fût impossible d'aller au delà. Il restait cependant deux problèmes importants à résoudre : L'obtention des couleurs et l'inaltérabilité des épreuves photographiques.

La première question n'est pas encore résolue, quoique les essais faits dans cette voie par MM. Becquerel,

Nièpce de Saint-Victor, Poitevin et autres, permettent d'espérer le succès des recherches faites dans ce sens.

Le second problème est résolu aujourd'hui, et la photographie qui, dans beaucoup de cas, avait déjà avantageusement remplacé le portraitiste et le dessinateur, sans pouvoir éterniser ses produits, va dorénavant, alliée à l'imprimerie, changer de fond en comble les diverses manières de la gravure et de la lithographie.

La production photographique des épreuves aux encres, tirées par la presse, est dès à présent un fait acquis et pratique, quoique les procédés ne soient que fort peu connus, et peu pratiqués surtout.

Il n'en est pas moins vrai, que dans quelque temps, imprimeur et photographe seront synonymes.

Il est donc important pour tout photographe soucieux de son art, de connaître ces procédés nouveaux ; là, est dorénavant l'avenir de la photographie, les épreuves indélébiles feront bientôt abandonner celles aux nitrate d'argent.

Voici les avantages que nous assurent les nouveaux procédés :

Inaltérabilité des épreuves.

Rapidité de tirage.

Tirage fait sans lumière (une fois la première faite.)

Égalité parfaite, comme valeur de ton, de toutes les épreuves, et par suite de ces avantages réunis, extrême bon marché des épreuves tirées à un certain nombre d'exemplaires.

Avant d'entrer dans les détails des différents procédés de cette nouvelle application de la photographie, il est bon de remonter à leur origine.

Pendant que la plupart de ceux qu'intéressait la photographie, s'acharnaient à la production des clichés et des épreuves aux sels d'argent, d'autres, en petit nombre, continuaient leurs recherches d'après les premières idées de Niépce, qui avait pour but l'obtention de plaques gravées chimiquement propres aux tirages par les encres d'impressions.

Nous ne parlerons point des découvertes faites, et dans lesquelles on emploie le bitume de Judée (ces procédés n'étant pas d'une pratique usuelle), pour arriver à ceux ayant pour base la gélatine bi-chromatée.

Mungo Pinto, le premier, avait découvert la propriété qu'a la gélatine bi-chromatée, de subir une influence prononcée, mise en contact avec les rayons lumineux; il n'en fit aucune application spéciale.

Talbot et Poitevin appliquèrent plus tard ces principes à l'obtention d'épreuves inaltérables, c'est à ce dernier surtout que nous devons la plupart des nouveaux procédés. Nous donnons, du reste, plus bas, divers extraits des communications faites par lui à différentes reprises, et dont la première remonte à 1854 ; on verra par la suite, que toutes ces descriptions forment encore aujourd'hui la base des inventions soi-disant nouvelles, et qui par le fait ne sont que les procédés Poitevin (pour la plupart), avec des perfectionnements dans les détails.

Photographie au charbon, litho-photographie, gravure héliographique, moulage des clichés, soit en creux ou en relief, etc ; toutes ces applications si utiles, ont été décrites par M. Poitevin, il y a vingt-trois ans pour la première fois.

Première Communication

Pour préparer les papiers, je les recouvre d'une dissolution concentrée d'un des corps organiques (gomme, gélatine et congénère) et additionnée d'un sel à acide chromique ; après dessication, je soumets à l'influence de la lumière directe ou diffuse à travers le cliché du dessin à reproduire ; après un temps d'exposition variable, j'applique, au tampon ou au rouleau, une couche uniforme d'encre grasse typographique ou lithographique, éclaircie préalablement, et je plonge la feuille dans l'eau. Alors toutes les parties qui n'ont pas été impressionnées abandonnent le corps gras, tandis que les autres en retiennent des quantités proportionnelles à celle de la lumière qui a traversé le cliché.

J'applique les couleurs diverses, liquides ou solides, sur le papier, les étoffes, le verre et d'autres surfaces, en mélangeant ces couleurs avec le mélange de bichromate et de gélatine, et appliquant cette combinaison sur le papier ou toute autre surface. On lave ensuite au moyen d'une éponge et avec une grande quantité d'eau. La matière organique devient insoluble dans les parties où la lumière a agit, et le dessin est reproduit par la couleur que l'on a employée.

Deuxième Communication

On commence par dissoudre dans l'albumine battue et déposée, une dissolution concentrée de bi-chromate de potasse dans l'eau. On verse une certaine quantité de cette albumine sur une pierre lithographique ordinaire parfaitement nettoyée, puis on la laisse sécher spontanément à l'abri de la lumière.

La pierre ainsi préparée est soumise, derrière un cliché photographique ordinaire, à l'action de la lumière, pendant dix minutes environ.

La lumière, en décomposant le bichromate de potasse, isole une partie de l'acide chromique qui gonfle l'albumine, de sorte qu'en examinant la couche d'albumine à un jour frisant on aperçoit toute l'image en relief.

Si on passe sur cette surface, ainsi modifiée, un rouleau recouvert d'encre de report, celle-ci adhère aux points recouverts d'albumine impressionnée par la lumière et non aux autres, et la pierre se trouve ainsi recouverte d'encre disséminée en proportions variables, comme elle l'aurait été par le crayon du dessinateur. En acidulant ensuite, en mouillant avec l'éponge, l'encre en excès disparaît.

Troisième Communication

En 1849, ayant découvert mon procédé de photographie sur gélatine, que je publiai l'année suivante, je remarquai que les négatives, lorsqu'elles étaient terminées, portaient le dessin en creux dans les parties claires ; je pensai à mouler ces surfaces pour obtenir des planches gravées. Ce n'est qu'en 1854, en essayant l'action de la lumière sur une couche de gélatine coulée sur des plaques métalliques et additionnées de bi-chromate de potasse, puis en mettant à la pile galvanique, que j'obtins un dépôt très-régulier de cuivre sur les parties non impressionnées ; en outre, la couche de gélatine se gonflait seulement où la lumière n'avait pas agi. Ce fut alors que je cherchai de nouveau à mouler ces surfaces ; j'employai d'abord la cire, puis le soufre : mais la gélatine fondait ; enfin le plâtre me donna des moules très-satisfaisants.

C'est ainsi que j'arrivais à produire sur des planches de cuivre des gravures en creux, en me servant de positifs, et des planches gravées en relief en me servant de négatifs.

Voici les moyens que j'ai employé dans ces opérations. La gélatine dont je me suis servi était blanche et de première qualité ; je la coupe par petits morceaux, je la mets tremper dans de l'eau distillée. On en fond à la lampe ou au bain-marie une quantité proportionnelle à l'épaisseur de la couche à obtenir, et on l'additionne ou non de bi-chromate de potasse en dissolution concentrée ; on la coule sur une plaque de doublé bien nettoyée à l'alcool et à la craie, sur une glace ou bien sur toute autre surface posée de niveau ; on laisse sécher spontanément à l'abri de la poussière et de la lumière, si l'on y a ajouté du bi-chromate.

Pour les planches en creux, la couche de gélatine doit avoir une très-faible épaisseur. La couche sèche est impressionnée à travers le dessin positif, l'action se produit en quelques minutes au soleil, on met alors la plaque tremper dans de l'eau ordinaire ; les parties non impressionnées se gonflent, et celles qui ont reçu l'action de la lumière forment des creux. Pour obtenir des planches de cuivre gravées, j'ai employé deux procédés ; le premier consiste à mouler en plâtre la surface impressionnée et gonflée d'eau ; sur le moule en plâtre je faisais un second moule en gutta-percha, que je métallisais, et sur lequel j'opérai le dépôt galvanique : le second moyen consiste à métalliser la gélatine et à effectuer directement à sa surface le dépôt galvanique (1). »

Nous bornerons ici les extraits que nous avons empruntés aux communications de M. Poitevin; nous nous contenterons de dire encore que les procédés décrits par M. Talbot en 1853, sont identiques et s'appuient sur les mêmes principes que ceux de M. Poitevin; quand à la production des images, la seule différence qui existe entre eux, c'est que M. Talbot grave directement ses planches de cuivre gélatinées, à l'aide d'une solution de perchlorure de fer.

Avant de terminer cette courte notice, nous tenons à expliquer comment ces divers procédés si utiles, sont restés stationnaires et presque sans applications depuis si longtemps, surtout en France. La principale cause de ce temps d'arrêt provient de ce que tous ces différents procédés ont été, dès le début brevetés, et n'ont par conséquent été connus que d'un nombre assez restreint de personnes; comme une personne cherche et trouve beaucoup moins de perfectionnements que cinquante, on n'a presque pas fait de progrès pendant les quinze ans qu'ont duré les brevets. Cette cause n'existe plus

(1) Traité d'impression sans sels d'argent, 1862.

aujourd'hui ; les brevets sont périmés, et il est loisible à chacun d'exploiter sans licence tous les procédés à base de gélatine bi-chromatée. La routine, il est vrai, est aussi pour une bonne part dans le peu de faveur qu'ont rencontré ces procédés; toute chose nouvelle effraie, quand il faut changer d'habitude et de manière de faire, on préfère se croiser les bras et attendre que le voisin commence.

Aujourd'hui toutes ces causes n'existent plus, les procédés que nous allons décrire sont faciles et surtout à la portée de ceux qui s'occupent de photographie; de plus, nous répondons qu'au bout de fort peu de temps, en suivant les formules et les indications que nous donnerons, n'importe qui voudra s'en donner la peine, arrivera à faire de la photographie inaltérable.

INTRODUCTION

Nous le déclarons, on ne trouvera dans nos descriptions, aucunes inventions nouvelles; ce sont les procédés Poitevin modifiés, rendus pratiques et accessibles à tous. Dans ces procédés nouveaux, l'art de l'imprimeur est aussi nécessaire que celui du photographe, par conséquent, celui qui acquerrera la pratique des deux métiers, sera certainement un héliographe parfait.

Pour réussir, cela n'est cependant pas indispensable d'une manière absolue; le photographe intelligent peut en peu de temps se familiariser avec la presse de l'imprimeur pour imprimer convenablement; il peut en tous cas s'adjoindre un imprimeur adroit. Il en est de même de l'imprimeur qui désirerait s'adonner à nos procédés, il s'adjoindrait un photographe.

En tous cas, en suivant bien exactement les indications que nous donnerons, tant au point de vue de l'héliographie, qu'à celui de l'impression, qui fait partie intégrante du procédé, chacun sera sûr de réussir d'une manière certaine.

Les indications que nous donnerons, seront minutieuses; que l'on ne s'en effraie pas, les difficultés sont plus apparentes que réelles. Il faut surtout se pénétrer qu'aller doucement, pour commencer, est mieux que d'aller trop vite: Pour chaque chose, les plus petits détails ont leur importance; il ne faut en tous cas jamais se rebuter pour un insuccès, il ne proviendrait que de deux causes :

1° Le manque d'attention à suivre les recommandations;

2° La mauvaise qualité des produits employés.

La première de ces causes, ne dépendant que de l'opérateur, nous n'en parlerons que pour lui recommander la persévérance. Qu'il nous en croie, il sera récompensé par le succès.

Quant à la seconde, elle serait sérieuse, s'il n'était un moyen de la prévenir de prime abord, c'est de ne se servir que de produits sortants d'une maison spéciale. A la fin de ce livre, en indiquant tous les objets nécessaires, nous indiquerons la maison qui nous fournit les nôtres, et où l'on pourra se procurer tous les produits nécessaires et de bonne qualité.

Pour répondre à une objection qui sera faite par beaucoup de personnes, surtout par des amateurs, nous devons déclarer, que l'on peut à fort peu de frais se livrer à la pratique des procédés aux encres grasses, ainsi qu'on le verra par la suite; comme d'un autre côté, les manières d'opérer ne s'éloignent pas considérablement de ceux du photographe, on voit qu'il sera d'autant plus facile de s'y adonner.

Nous avons divisé cet ouvrage en trois parties, qui elles-mêmes se subdivisent. La première partie contient un procédé aux encres, que nous avons décrit de la manière la plus claire qu'il est possible; il est très-peu chargé en manipulations, de façon à le rendre praticable aux commençants; cette partie s'arrête lorsque le type devant servir à l'impression est prêt à y servir.

La seconde partie traite de l'impression elle-même. Ces deux parties réunies ont toutes nos préférences, en ce qu'elle permettent de s'initier presque à coup sûr à la pratique d'un art qui devient de jour en jour plus important. Ces deux parties réunies forment l'ensemble complet de tout le procédé aux encres d'impression, ce sont celles que nous recommandons particulièrement à l'attention de tous ceux qui désireront s'initier à la pratique de l'impression photographique.

Une fois bien maître de ce premier procédé, on pourra se lancer dans des manipulations plus compliquées quoique, nous en sommes certain, la plupart s'en tiendront à celui-ci, qui leur donnera de bons résultats en peu de temps.

La troisième partie du livre, contient la description de presque tous les principaux procédés similaires, tels que : procédés Woobury, Edwards, Albert, etc; qui sont tous assez compliqués, d'une application plus difficile, et quelques-uns beaucoup plus coûteux que celui que nous décrivons dans les deux premières parties.

CHAPITRE Ier

Des différents types propres à l'impression

En dehors des nouveaux procédés photographiques, voici les diverses manières d'obtenir des matrices propres à fournir des épreuves par les voies d'impressions.

La gravure en taille douce.

La gravure à l'eau forte.

La gravure à l'aqua teinte.

La typographie.

La lithographie.

Nous pensons être utile à nos lecteurs en leur donnant en peu de mots, la théorie de chacune de ces manières. En ceci comme dans les descriptions suivantes, nous supposerons toujours le lecteur ignorant de ce que nous essaierons de démontrer; ceux qui connaissent quelques parties des choses dont nous parlerons, seront quitte pour les relire, et ceux qui les ignorent en profiteront.

La théorie de la gravure en taille douce, à l'eau forte ou à l'aqua-teinte est celle-ci :

Sur des planches d'un métal, acier, cuivre, etc., produire des tailles ou creux plus ou moins fins, qui forment l'image ; les tailles larges forment les noirs, et les fines les demi-teintes. L'imprimeur enduit toute la planche d'encre d'impression qu'il essuie avec soin ensuite, de manière à dégarnir les reliefs, qui forment les blancs.

Ce qui distingue ces trois manières entre-elles, c'est que la taille-douce, est l'œuvre de la main humaine, dans l'eau forte les traits sont marqués par le graveur, et creusés par l'acide; l'aqua-teinte se fait de la même manière, avec adjonction de grain, qui donne plus de moelleux à l'image.

La typographie est l'inverse de ces trois premiers genres; ce sont les reliefs que l'on encre qui forment les noirs, et les creux qui sont dégarnis et donnent les blancs.

Les nouveaux procédés dont nous allons parler bientôt tiennent, quant au mode d'impression, de presque toutes les manières connues; mais c'est surtout à la lithographie qu'ils empruntent le plus ; nous donnerons donc une plus grande étendue à la description de cette théorie.

La lithographie, toute récente, comparativement à ses aînées, la taille-douce et l'eau-forte, fut inventée, en 1796, par Senefelder; mais ce ne fut guère qu'en 1826 qu'elle fut connue et pratiquée en France.

En voici la théorie que nous empruntons au manuel Roret.

Comme tous les procédés lithographiques sont la conséquence d'effets d'affinité, nous en déduisons que ces conséquences découlent naturellement :

1° De la facilité avec laquelle l'eau imbibe les pierres calcaires et généralement tous les corps poreux, sans cependant contracter avec eux une adhésion bien intime;

2° De la pénétration ou seulement de la forte adhérence que les corps gras ou résineux exercent sur les pierres calcaires, adhérence telle que, le plus souvent, on ne peut enlever les uns sans attaquer la substance des autres;

3° De l'affinité des corps gras ou résineux pour les substances de même nature, et leur répulsion pour l'eau ou tous les corps mouillés.

Il résulte de ces principes, qui sont la base de la lithographie :

1° Qu'un trait gras ou résineux tracé sur la pierre, y adhère si fortement, que, si l'on veut le faire disparaître, il faut employer ou des moyens mécaniques pour l'en séparer, ou des agents chimiques doués d'une action considérable ;

2° Que toutes les parties de la pierre non recouvertes de matières grasses ou résineuses reçoivent seules et conservent, jusqu'à son évaporation, l'eau qui y adhère ;

3° Qu'enfin, si l'on passe sur cette pierre un rouleau enduit d'une couleur grasse ou résineuse, cette couleur s'attachera aux traits graisseux ou résineux, et sera repoussée par les parties mouillées.

On a dû chercher, en conséquence, des substances grasses et résineuses susceptibles d'être employées sous la forme d'encres ou de crayons, de pénétrer la pierre, et d'y adhérer de manière à résister aux lavages successifs. Le savon, la cire, et certaines résines combinées dans de certaines proportions, remplissent ce but.

On a cherché aussi à rendre la pierre plus susceptible de s'imbiber d'eau en augmentant sa porosité. Les acides produisent cet effet; de plus, ils nettoient la pierre des souillures qui ont pu se déposer sur la surface; enfin, ils donnent aux traits graisseux, et, par conséquent aux parties qu'ils recouvrent, un relief sans lequel on n'obtient que des épreuves sans vigueur.

La gomme, qui est un des agents les plus indispensables de la lithographie, se combine avec la pierre et forme avec elle un savon calcaire.

Au résumé, la théorie de la lithographie se réduit en ces mots : Tracez sur une pierre, à l'aide d'un corps gras ou bitumineux, un dessin quelconque; décapez avec un mélange d'acide et de gomme, humectez votre planche avec une éponge, et pendant qu'elle est humide, passez sur le tout un rouleau enduit d'encre d'imprimerie; il s'établira vite une adhérence entre le corps gras du rouleau et celui du dessin, tandis que l'humidité qui couvre le reste de la planche s'opposera à l'adhérence du noir gras du rouleau sur le fond de la pierre.

Il était tout naturel, comme on le voit par les différentes théories qui précèdent, de chercher à allier la photographie à ces diverses manières, et de former un procédé mixte, unissant la facilité et la fidélité du dessin photographique à l'inaltérabilité, à la rapidité et au bon marché des tirages, qualités qui distinguent les productions de la presse. C'est l'application de cette idée qui constitue aujourd'hui la photographie aux encres grasses. La photographie, dans ces procédés, substitue à la main humaine la rectitude d'une réaction chimique. Nous n'entendons pas dire par là que la photographie s'applique dès aujourd'hui à tous les modes d'impression, quoiqu'il y ait des procédés de photo-gravure, photo-typographie, etc.; mais dans ces procédés le retoucheur a plus à faire que le photographe, pour le moment tout au moins; mais ce que l'on peut dire aujourd'hui à coup sûr, c'est que le procédé, qui est presque semblable à la lithographie, et connu sous les noms de photo-lithographie, photo-typie, héliotypie, etc., et que nous allons décrire, est un moyen sûr et pratique de produire des épreuves photographiques inaltérables; les faits sont là pour en répondre.

CHAPITRE II

De la préparation des surfaces

Le nom de lithographie indique qu'un dessin est fait sur pierre. Dans le procédé dont nous allons nous occuper, on ne s'en sert que dans de certains cas déterminés et assez limités; la plupart du temps, nous nous servirons de préférence de toutes autres surfaces planes, n'ayant pas le volume toujours embarrassant des pierres lithographiques. Par conséquent, le nom de photo-lithographie ne s'applique qu'imparfaitement à nos procédés; nous lui préférerons celui de phototypie, plus court, et qui explique mieux, selon nous, le procédé dont il s'agit.

Toutes surfaces planées des deux côtés, telles que l'acier, le cuivre, le zinc, le verre et la pierre, feront très-bien l'affaire pour nous.

Nous prendrons donc une de ces surfaces, soit du

cuivre bien plané, et dont une des faces seulement aura été finement dépolie. La qualité du cuivre n'a pas d'importance, pourvu qu'il soit bien plan et dépoli.

On achètera ces plaques toutes planées; il est très-facile aussi de se les procurer dépolies; mais dans le cas où l'on voudrait faire ce travail soi-même, voici la manière de le faire :

La plaque de cuivre planée et polie, étant posée sur une table de manière à ne pas la fausser autant que possible, on la couvre de poudre de pierre ponce très-finement pulvérisée et tamisée avec soin, que l'on humecte légèrement; puis, avec une molette en verre, on usera la poudre entre la plaque et la molette; pour obtenir un dépoli très-fin, il est bon d'user la poudre à fond, jusqu'au moment où la plaque sera bien également grainée.

L'opération terminée, on lave la plaque à grande eau, afin de la débarrasser complétement des traces de pierre ponce et des autres impuretés qui auraient pu s'y attacher, et on la laisse sécher. Cette méthode est applicable à toutes les plaques, de n'importe quel métal qu'elles soient; quant aux glaces, comme il est aisé de s'en procurer de toutes prêtes, il est inutile de s'embarrasser de ce travail.

On pourrait, au besoin, se servir de surfaces polies; mais il vaut mieux s'en abstenir, les surfaces grenues présentant beaucoup plus de garantie, comme résistance, lorsqu'il s'agit d'imprimer.

Comme dans certains cas, nous devrons nous servir de pierres lithographiques, nous allons également donner la manière de les grainer, quoiqu'il vaille mieux, si l'on n'en fait pas un grand usage, les acheter toutes prêtes chez des spécialistes, le prix de revient n'en est pas sensiblement augmenté, et l'on débarrassera le laboratoire d'une besogne ennuyeuse et très-longue.

Nous supposons que les pierres qu'il s'agit de grainer sont toutes dressées, ce qui est toujours le cas, quand on les achète dans des maisons spéciales.

Pour les grainer, on prend deux pierres d'égale dimension, on pose l'une sur une table assez solide, que l'on ne craindra pas de salir; sur cette première pierre, on met du sable finement tamisé; pour commencer, on se sert de celui passé au tamis 80, pour finir celui passé au 200; et après l'avoir humecté, on place par-dessus la seconde pierre, de manière que les deux surfaces destinées au travail se trouvent en contact. On imprime à la pierre supérieure, en la tenant par les angles diamétralement opposés, tantôt un mouvement de va et vient, tantôt un mouvement de rotation, en passant également et alternativement sur le bord et sur le milieu de la pierre. Lorsqu'il s'est formé une boue qui empêche le mouvement, on renouvelle l'eau et le sable, il est bon cependant d'user le dernier sable, — le plus fin, — le plus possible.

Il faut faire attention, en faisant tourner la pierre supérieure, de ne pas dépasser les bords de celle qui est dessous, car on s'exposerait à rendre celle-ci convexe, tandis que l'autre serait concave. On évite ce défaut en changeant quelquefois les pierres, et en mettant dessous celle qui était dessus, et *vice versa*.

Quand on suppose le travail terminé, on enlève avec précaution la pierre supérieure, de manière à ne pas la traîner sur celle de dessous; on les lave avec de l'eau propre, et on les pose verticalement contre le mur pour les laisser sécher.

Il est bon de ne grainer ensemble que deux pierres de qualités semblables; si l'on grainait une pierre grise sur une pierre blanche, on n'obtiendrait qu'un mauvais résultat.

Il vaut mieux ne travailler ensemble qu'une pierre grise sur une pierre grise, et de même pour les blanches.

Si l'on était obligé de quitter le travail avant qu'il ne

2.

fût achevé, il faudrait séparer les deux pierres; sans cette précaution, elles pourraient, en séchant, adhérer ensemble, et il serait presque impossible de les séparer sans les briser. Il est donc bien entendu que toutes les surfaces dont nous nous servirons, soit plaque métallique, glace ou pierre, étant finement dépolies, parfaitement lavées à l'eau propre, et mises à sécher spontanément, sont prêtes à servir.

Pour terminer d'un seul coup le chapitre traitant des surfaces, disons comment on doit nettoyer celles qui ont déjà servi et que l'on voudrait utiliser de nouveau.

Si la plaque a déjà été imprimée, on enlèvera l'encre à l'essence; en tout cas, on met la plaque à tremper dans l'eau pendant une demi-journée; cette opération a pour but de ramollir la gélatine; on remplace ensuite la première eau, en ajoutant à la seconde 10 0/0 d'acide acétique, qui est un dissolvant de la gélatine. La plaque séjournera une heure dans cette solution; posant alors la plaque sur une table, on en frictionnera vigoureusement la surface à l'aide d'une brosse un peu dure, — celle dite brosse à décrotter est suffisante; — toute la couche gélatineuse enlevée, on lavera bien la plaque à plusieurs eaux; on ajoutera 5 0/0 d'ammoniaque liquide à l'avant-dernier lavage, afin de neutraliser l'acide acétique, et après une dernière eau, on laissera sécher; les plaques seront prêtes à servir de nouveau.

CHAPITRE III

De la couche sensible

D'après les extraits des communications faites par M. Poitevin, on a vu qu'une couche de gélatine, de gomme, et leurs congénères, additionnées d'un bi-chromate, soit d'ammoniaque ou de potasse, après avoir été insolées à travers un cliché photographique, avaient la propriété curieuse de prendre l'encre d'imprimerie sur les parties ayant subi l'action des rayons lumineux, et de la repousser, au contraire, sur toutes les parties préservées contre cette influence, l'eau s'y maintenant. Par conséquent, c'est la même théorie que pour la lithographie : des parties d'un dessin ayant de l'affinité pour l'encre et presque point pour l'eau; d'autres, au contraire, où l'eau se maintient, et empêche, par conséquent, les corps gras de prendre.

Il s'agit donc, maintenant que la surface sur laquelle on doit opérer est prête, de la recouvrir de la solution sensible. Cette solution est composée de :

Colle de poisson ;
D'albumine ;
De gélatine ;
De bi-chromate de potasse et d'eau.

Ces diverses substances n'étant pas d'une solubilité égale, voici comment il faut opérer pour faire ce mélange. Dans un vase en terre vernissée, on mettra :

100 centilitres cubes d'eau distillée ;
6 grammes de colle de poisson pure.

On fera dissoudre à feu nu, en ayant soin d'agiter constamment le liquide, pour que la colle ne puisse prendre au fond du vase ; après vingt minutes d'ébullition, il faut retirer du feu ; toutes les parties de colle qui, à ce moment, ne seraient pas fondues, étant insolubles, on devra les rejeter.

D'autre part, on mettra dans un vase en porcelaine :

100 grammes eau distillée ;
10 — de gélatine.

Pour faire cette solution, le vase de porcelaine devra être placé dans un bain-marie jusqu'à complète dissolution. Une température de 35° suffit pour atteindre assez vivement ce résultat. Pendant que ces deux premières solutions sont encore chaudes, on les mêlera ensemble, en laissant le vase qui contiendra ce mélange sur le bain-marie, qu'il faut maintenir à une chaleur très-modérée.

Faites ensuite dissoudre à chaud :

5 grammes de bi-chromate de potasse dans
20 centilitres cubes d'eau distillée.

Le bi-chromate dissous, l'ajouter à la solution de colle et de gélatine, que l'on remuera avec un agitateur en verre pendant cinq minutes, pour rendre le mélange plus intime.

La veille du jour où l'on devra préparer la gélatine bi-chromatée sensible, on aura soin de prendre deux blancs d'œufs, que l'on battra vigoureusement, jusqu'à obtention d'une neige solide, pour laisser reposer jusqu'au lendemain.

Lorsque le mélange de colle, de gélatine et de bichromate sera fait, on y ajoutera presque à froid, 10 cent. cubes du liquide qui se trouve sous la neige, et l'on battra de nouveau le tout pendant cinq à dix minutes; ensuite, on filtrera à travers un linge très-fin, ou mieux à travers une bonne flanelle, le liquide sensible est prêt à servir.

Si l'on s'en sert immédiatement, ce qui est toujours préférable, on maintiendra la solution au bain-marie, mais tiède seulement; on ne doit plus chauffer fortement; on attendra toutefois, avant de procéder à la sensibilisation des surfaces, que toutes les bulles qui se trouvent dans le liquide aient disparues ou à peu près.

Toutes ces manipulations diverses peuvent, au premier aspect, paraître difficiles et ennuyeuses; il n'en est rien dans la pratique; avec un peu d'habitude, toutes ces préparations se font d'une manière très simple et très facilement.

Pour éviter des déboires et des insuccès certains, il faut ne se servir dans ces préparations que de colle de poisson pure; celle qui est blanche, quoique d'un bel aspect, ne vaut rien; celle qui n'est pas blanchie par l'acide sulfureux est préférable. Il en est de même pour la gélatine; celle qui est d'une belle apparence n'est pas la meilleure, elle contient du chlorure de calcium, du carbonate de chaux, de l'alumine, du fer et de l'alun; on fera donc en sorte d'obtenir ces produits aussi purs que possible.

L'albumine que l'on ajoute dans la solution sensible n'a pas d'autre raison d'être, sinon de purifier la solution. On pourra, du reste, se servir de toutes les gélatines, si on veut bien se donner la peine de la purifier préalablement par le moyen suivant :

On découpe la gélatine en morceaux, que l'on met tremper dans de l'eau pure, qu'il faudra changer de demi-heure en demi-heure deux ou trois fois. Cette gélatine, imbibée et égouttée, est chauffée au bain-marie jusqu'à dissolution. A chaque quart de litre de la solution, l'on ajoute un blanc d'œuf étendu de deux fois son volume d'eau et agité fortement avec cinq gouttes d'ammoniaque. Enfin, on fouette fortement le mélange.

Au liquide gélatineux l'on ajoute, goutte à goutte, de l'acide acétique étendu de 250 fois son poids d'eau, et l'on fouette chaque fois le liquide, jusqu'à ce qu'un papier tournesol trempé dans le liquide passe peu à peu au rouge. Le tout est porté très-rapidement à l'ébullition, en remuant toujours avec les verges. Une ébullition de trois minutes suffit.

On filtre alors la gélatine à travers du papier, en ayant soin de tenir l'entonnoir un peu chaud ; le liquide doit passer très-clair. Le filtrage terminé, la gélatine est versée sur des assiettes en porcelaine, où elle se coagule à l'abri de la poussière ; lorsqu'elle est complétement sèche, on la coupe en petits morceaux, qu'on met tremper dans de l'eau distillée pendant quarante-huit heures; on aura soin de changer l'eau trois ou quatre fois. Une fois séchée de nouveau, cette gélatine est mise de côté pour s'en servir au besoin; en cet état, elle est excellente pour nos procédés. Ce mode de purification, décrit par M. Stimde, est excellent en tout point, et permet de n'avoir pas toujours cette préoccupation, la non-réussite par suite de gélatine impure.

CHAPITRE IV

De la sensibilisation des surfaces

La solution sensible étant prête, il faut l'appliquer sur les surfaces sur lesquelles on devra plus tard imprimer. Comme nous l'avons déjà dit, nous nous servons de planches de cuivre, mais pour toutes les surfaces la manière de faire est la même. Cette opération et celle du séchage qui suit, sont très-importantes pour bien réussir; elles dépendent complétement des soins de celui qui opère; il est donc nécessaire d'y apporter toute l'attention possible. Tout le travail qui suit, jusqu'à ce que les plaques soient prêtes à être impressionnées, doit être fait dans une pièce chauffée constamment à 40°; c'est une condition indispensable. Si cependant on se trouvait placé de manière à ce qu'il soit impossible d'avoir une pièce disposée pour cela, voici comment, sans nuire au succès, on peut tourner la difficulté.

On se procurera une caisse un peu longue, à laquelle on enlèvera le fond, ainsi qu'un des côtés dans le sens de la longueur; cette caisse sera posée par le fond qui manque sur un petit bâti à jour d'à peu près 40 centimètres de haut, et le côté enlevé placé vers l'opérateur; il faut mettre ensuite à l'intérieur de la caisse, à une hauteur de 20 centimètres du bâti, deux tasseaux parallèles qui la traverseront dans le sens de la largeur; sur lesquels on placera, soit une glace forte, soit une plaque de métal bien plane; sa grandeur devra être calculée de manière à ce qu'il existe un espace d'au moins 2 centimètres, et des quatre côtés de la plaque = entre celle-ci et les parois de la caisse.

A l'aide d'un niveau d'eau, on mettra la plaque complétement d'aplomb; on la nivellera très-exactement au moyen de petits cartons posés entre la plaque et les tasseaux. Pour ne pas recommencer cette opération chaque fois, il est bon de fixer une fois pour toutes les petits cartons. Nous jugeons inutile d'indiquer aucune dimension exacte pour cette caisse; chacun pourra la faire arranger à sa guise, quand nous aurons dit que les tasseaux doivent être placés de manière à ce que le feu qui sera placé au-dessous, dans le petit bâtis à jour, ne puisse chauffer que légèrement la plaque posée dessus; c'est la chaleur qui passe entre celle-ci et les parois de la caisse qui doit sécher les surfaces sensibles; la distance au-dessus des tasseaux ne doit pas être trop grande, de façon à ce que la chaleur ne s'éloigne pas trop. La largeur de la caisse sera en proportion de la dimension et du nombre de plaques que l'on y voudra sécher. Nous n'avons pas hésité à conseiller ce moyen d'éviter le chauffage d'une grande pièce, qui aurait rebuté bien des amateurs; d'autant plus que ce moyen est celui dont nous nous servons avec succès.

La caisse étant ainsi disposée, on tiendra à sa portée et tout allumé, un petit fourneau à charbon de bois, assez petit pour pouvoir être placé dans le bâtis de la caisse quand il en sera besoin. Pour commencer l'opération, on chauffera l'envers de la plaque qu'il s'agit de recouvrir de la solution sensible; elle le sera suffisamment, si elle est légèrement tiédie; on verse alors la gélatine bi-chromatée, qui doit être également un peu tiède; si pendant la préparation elle se refroidissait, il faudrait la remettre un peu au bain-marie. Ce liquide ne coule pas aussi aisément que le collodion sur une glace; mais comme il n'y a aucun danger à en aider l'extension, avec le doigt ou un triangle en verre, on en vient facilement à bout. C'est en versant surtout qu'il faut éviter, avec la plus scrupuleuse attention, qu'il ne se forme de bulles d'air sur ni dans la couche; chacune de ces bulles restées dans la couche forme un trou à l'impression; il est donc essentiel de chasser en dehors de la plaque, soit avec le doigt ou le triangle, toutes celles qui s'y seraient formées.

Le liquide étant convenablement étendu, il faut incliner la plaque pour que l'excédant puisse s'écouler, non pas qu'il faille laisser tomber totalement le liquide; la couche qu'il est nécessaire d'avoir sur la plaque doit avoir 1 millimètre d'épaisseur; on relèvera donc la plaque dans le sens opposé au coin d'écoulement, lorsqu'il restera la quantité voulue. Tenant alors la plaque aussi horizontalement que possible, on chauffera au-dessus du fourneau, jusqu'à ce que la solution commence à fumer un peu, puis on la mettra sur la glace placée dans la caisse; si celle-ci est faite pour contenir plusieurs plaques, on procèdera immédiatement à la préparation des autres. Quand toutes sont terminées, on place le petit fourneau dans le bâti; il est bien entendu que le feu du fourneau ne doit presque pas chauffer la glace sur laquelle sont les surfaces à sécher; il est bon de fermer le côté placé vers l'opérateur, soit avec un voile, soit avec un petit volet fait exprès; on pourra, pour éviter des accidents, tapisser l'intérieur de la caisse avec du papier, à moins que l'on n'aime mieux faire la caisse en toile, que l'on couvrira intérieurement avec deux doubles de papier buvard; ce qui est préférable.

Une précaution que l'on peut prendre aussi, c'est de chauffer l'intérieur de la caisse avant de rien y mettre à sécher; cette précaution est bonne à prendre quand on a plusieurs plaques à préparer. Toutes les opérations que nous avons décrites, jusqu'au moment où la plaque préparée est placée dans la caisse, peuvent se faire à la lumière; à partir de ce moment, elles ne doivent plus voir le jour; par conséquent, la caisse-séchoir devra toujours être placée dans une pièce que l'on puisse obscurcir à volonté.

Après 10 à 15 minutes, il faut retirer le feu de la caisse pour laisser les plaques sécher naturellement; ce qui est fait au bout d'une demi-heure environ. On doit autant que possible, depuis le commencement jusqu'à la fin du séchage, éviter les changements brusques de température; si l'on peut maintenir l'intérieur de la caisse à 45° sans jamais les dépasser, on fera bien.

La couche sèche devra avoir une belle couleur jaune d'or. On met les surfaces dans un endroit bien sec; il faut aussi les mettre à l'abri de toute lumière pour s'en servir au besoin; elle se conserve ainsi huit à dix jours.

La solution de gélatine bi-chromatée ne doit servir que le jour de sa préparation; on peut cependant l'utiliser jusqu'au surlendemain; mais il vaut mieux n'en préparer que la quantité nécessaire chaque fois.

Le bi-chromate de potasse ne doit, autant que possible, jamais être fortement chauffé, surtout en solution avec la gélatine; c'est pourquoi nous recommandons de ne jamais exposer la solution sensible ni les plaques qui la supportent à une température au-dessus de 45° centigrades. L'humidité est également très à craindre; il s'agit donc, pour obtenir des couches dans un parfait état, de choisir une température moyenne et constante tant que les surfaces n'auront pas été impressionnées.

CHAPITRE V

Des clichés propres aux procédés

Les plaques terminées, comme nous l'avons indiqué dans le chapitre précédent, sont prêtes à être impressionnées à travers le cliché négatif qu'il s'agit de reproduire. Mais avant de décrire cette partie du procédé, il est indispensable que nous examinions quels sont les clichés propres à donner de bonnes planches imprimantes, et les qualités qu'ils doivent posséder, sous peine de n'avoir que de mauvais résultats.

Le meilleur cliché, qu'il s'agisse seulement de reproduire des traits, soit qu'il s'agisse de demi-teintes, est celui que tout bon photographe, soucieux de bien faire, reconnaîtra comme excellent pour la photographie ordinaire.

Voici les qualités indispensables qu'il doit avoir : la netteté parfaite; les parties qui donneront les blancs, très-opaques; celles donnant les noirs complétement dépourvus de voile, — si léger qu'il soit; — et s'il s'agit de portraits, toutes les demi-teintes bien accusées. Un cliché qui, avec les procédés aux sels d'argent, produira une épreuve passable, ne nous donnera qu'une épreuve médiocre; il est donc nécessaire de ne se servir que de clichés excellents.

Si l'on se servait de négatifs, tels que ceux employés en photographie, les épreuves imprimées auraient la gauche à droite, comme cela arrivait pour les plaques daguerriennes et les positifs sur verre. Dans bien des cas, surtout pour les amateurs, ce défaut n'aurait pas de grands inconvénients; mais pour l'industrie, ce serait un défaut capital, si l'on n'avait plusieurs moyens d'y obvier.

Il faut, pour obtenir les épreuves dans leur vrai sens, retourner les négatifs ordinaires. Voici les différents moyens d'y arriver :

1° Retourner la glace, et faire le cliché au travers;

2° Poser la glace comme d'habitude, en se servant d'un instrument muni d'un prisme;

3° Transporter un cliché ordinaire sur collodion-cuir;

4° Faire un report.

C'est ce dernier moyen que nous préférons; nous le décrirons complétement dans la partie traitant de l'impression; par ce moyen, on peut se servir de tous les anciens clichés, sans être astreint aux opérations du retournement.

Pour faire un cliché retourné, en impressionnant au travers de la glace, il faut se servir d'un châssis spécial ou d'un châssis ordinaire, auquel on apporte les modifications suivantes :

Après avoir enlevé le ressort qui, d'habitude, appuie sur le dos de la glace dans le châssis, on place aux coins de la planchette, qui sert à le fermer, quatre petits ressorts. Il est indispensable de n'employer pour ces clichés que de la glace, et, une fois collodionnée, il faudra essuyer minutieusement le dos de celle-ci, car toutes traces de liquides ou d'impuretés marqueraient infailliblement sur le cliché. Dans la mise au point, il faut tenir compte de l'épaisseur de la glace; on y arrive assez juste avec un peu d'habitude.

Le second moyen, qui consiste à se servir d'instruments à prismes, est bien plus commode; seulement, il est très-coûteux, ces sortes d'instruments se vendant assez cher.

Le dernier moyen, qui consiste à transporter le cliché sur une pellicule, s'emploie de la manière que voici :

Si le cliché qu'il s'agit de retourner est verni, on le dévernira d'abord; dans tous les cas, le cliché n'étant pas verni, on procédera de la manière suivante :

On plonge le cliché dans de l'eau pure d'abord, puis dans un bain d'eau acidulée à 7 cent. cubes d'acide chlorhydrique pour 100 d'eau. On lave de nouveau et on laisse sécher.

Le cliché étant bordé de papier un peu fort, on le chauffe au-dessus d'un vase d'eau bouillante, de façon à le couvrir de buée; on le pose à plat, le côté du collodion en dessus, sur une glace mise de niveau, et aussitôt on verse à sa surface une dissolution de gélatine dans les proportions suivantes, 30 cent. cubes environ :

Gélatine.	20 grammes;
Eau.	100 »
Glycérine.	5 »

On se sert avec avantage d'une pipette pour étendre la gélatine.

Quand la gélatine a fait prise, on relève le cliché; on met sécher sur le chevalet, à une température douce, dans une pièce privée de poussière.

La couche de gélatine étant sèche, on recouvre sa surface avec le collodion suivant :

Alcool à 40°. . .	100	cent. cubes.
Éther..	200	»
Glycérine. . . .	6	»
Coton-poudre. . .	4	gr.

Cette couche de collodion sèche rapidement. Quand elle est bien sèche, on coupe la gélatine formée en pellicule près des bords de la glace; on l'enlève; elle entraîne le cliché, qui se trouve alors retourné. Ce procédé de retournement, indiqué par M. Jeanrenaud, est des plus simples, quoique, selon nous, il vaille mieux, autant que possible, n'avoir pas recours du tout au retournement.

Il est encore un moyen pratiqué en Angleterre, et qui évite les retournements de cliché, c'est de mettre dans une caisse placée devant l'objectif une glace; on pose alors le modèle à angle droit avec la chambre noire. La mise au point se faisant sur la glace qui réfléchit le modèle, on obtient un cliché propre au tirage photo-typique.

CHAPITRE VI

Pratique photographique

Comme ce livre est destiné au moins autant aux imprimeurs lithographes ou autres, qu'aux photographes proprement dits, nous croyons utile de consacrer ce chapitre, aux différents tours de main, propres à donner presque toujours et à coup sûr, de bons clichés propres à nos impressions photographiques.

Non pas que nous ayons la prétention d'apprendre, dans ce livre, à une personne complétement ignorante, à faire de la photographie ; notre but est tout autre, nous voulons seulement indiquer une marche à suivre sûre et certaine aux personnes qui connaissent la photographie sans l'avoir jamais pratiquée d'une manière continue.

A celles qui désireraient se livrer à la production des planches photo-typique sans avoir jamais pratiqué la photographie, nous conseillerons d'étudier d'abord les excellents ouvrages spéciaux publiés, et si cela est possible, les leçons d'un praticien, car, nous le répétons, les conseils que nous donnons ici, ne pourront être profitables qu'à la condition d'être à même de les comprendre.

Dans le chapitre précédent nous avons indiqué quelles sont les différentes qualités que doivent avoir les clichés propres à l'impression sur gélatine bi-chromatée, nous allons indiquer la manière de les obtenir.

Tout collodion qui marche bien, est bon pour obtenir d'excellents clichés, voici cependant une recette qui, sans être composée de produits extraordinaires donne toujours de bons résultats.

Ether à 62°	100 c. c.
Alcool à 40°	100 »
Fulmi-coton	2 g.
Iodure d'Ammonium	1 »
» de Cadmium	» 75
» de Potassium	» 50
Bromure d'Ammonium	» 50
Bromure de Cadmium	» 50
Iode en paillette	

Les bains sensibilisateurs doivent en été, être à 7

pour cent, en hiver à 8. On peut, pour les préparer, se servir indistinctement, de nitrate d'argent fondu blanc ou cristallisé; dans le cas où le nitrate est fondu on doit, lorsque le bain est fait, et avant de le filtrer, y ajouter autant de gouttes d'acide nitrique pur, préalablement étendu de trois volumes d'eau distillée, qu'il y a de centaine de grammes de liquide. Dans le cas où l'on se servirait au contraire de nitrate cristallisé, on ajouterait au bain, avant de le filtrer, 5 à 6 gouttes par 500 grammes de liquide, d'une solution alcoolique d'iode.

Pour bien faire, et avoir toujours des bains en bon état, il est bon de ne se servir que le moins possible de bains nouveaux; dès que celui dont on se sert est fatigué, on l'additionne du quart de son volume d'eau distillée; quand, au bout de quelque jours, l'iodure d'argent qu'il contient s'est déposé au fond du vase, on le décante, et, après l'avoir pesé, on y ajoute la quantité de nitrate d'argent nécessaire pour le ramener au taux voulu, et il est prêt à reservir.

Dans la production du cliché, chaque opération, quoique différente, concourt à la réussite générale; par conséquent il est nécessaire d'établir, autant que possible, une unité d'action aussi complète que possible; donc quand on se servira d'un bain sensibilisateur au nitrate fondu, les glaces devront être nettoyées avec un mélange d'alcool et d'acide acétique, — à peu près une partie d'acide et cinq d'alcool. — Pour les bains de nitrate cristallisé, une solution très étendue d'iode et d'alcool devra remplacer la solution acide.

Nous avons déjà dit que les clichés, bons pour nos travaux, doivent êtres complétement dépourvus de tout voile, si léger qu'il soit; toutes les recettes que nous venons d'indiquer doivent aider à atteindre ce but, qui serait cependant complétement manqué, si on négligeait les précautions suivantes qu'il faut prendre pendant l'exposition de la glace sensible.

La pose, doit autant que possible, être exacte, mais, en tous cas, plutôt plus courte qu'exagérée dans le sens contraire, sans quoi les parties qui doivent donner les noirs seraient voilées, et les demi-teintes confondues dans les blancs; cette recommandation s'applique, surtout quand on reproduit des objets où les blancs dominent.

Précaution plus importante encore, l'objectif, dont on se sert, doit toujours être garanti, et cela d'une manière *absolue*, de tout rayon de lumière autre que ceux reflétés par l'objet à reproduire.

Pour cela, on le garnira d'un cône d'un mètre de

long, s'il le faut, et l'on placera la chambre noire de manière à éviter, non-seulement, les rayons de lumière frappant directement sur l'objectif, mais encore ceux qui pourraient frapper les parois intérieures du cône, sans quoi les rayons étrangers traversant ceux émanant de la carte ou du plan à reproduire les annulent, et l'on obtient comme résultat, un cliché où les blancs et les noirs ont presque la même valeur.

Il est inutile de recommander que la chambre noire doit toujours être placée de manière à être complétement parallèle avec l'objet à reproduire, si l'on veut éviter les déformations.

Le développement des glaces doit se faire assez rapidement pour éviter les voiles inévitables d'un développement trop prolongé; il doit, si cela est possible, être fait dans une pièce presque complétement obscure, les carreaux jaunes, surtout quand la lumière est un peu vive, sont, quoiqu'on en dise, encore trop photogéniques, on aura donc une bougie, garantie par des carreaux jaunes.

Voici la recette d'un bain développateur qui nous a toujours très-bien réussi.

Sulfate de fer ayant déjà servi à développer, après filtration. . . . . . 100 cent. cubes,

Acide acétique. . . .	2	cent. cubes.
Nitrate de potasse. . .	1	gramme.

La solution de sulfate de fer ci-dessus peut se remplacer par celle-ci :

Sulfate de fer pur. . . .	5 gram.		
Eau distillée.	100 cent. cubes.		
Acide acétique.	6	»	»
Alcool à 36°.	3	»	»

Si les clichés ont besoin d'être renforcés, il est utile de les laver après la venue au fer.

Solution pour renforcer, avant le fixage :

1°	Eau distillée. . . .	100	cent. cubes.	
	Alcool, à 36°. . . .	3	»	»
	Acide acétique. . . .	3	»	»
	» citrique. . . .	0 50 gram.		
	» Pyrogallique. .	0 50	»	
2°	Eau distillée.. . . .	100	cent. cubes.	
	Nitrate d'argent cristal.	3	gram.	
	Acide acétique. . . .	6	cent. cubes.	
	Alcool à 36°.	3	»	»

Deux gouttes de la solution d'iode et d'alcool.

Le fixage doit se faire, s'il se peut, avec le cyanure de potassium; quoique ce produit si dangereux, soit d'un emploi peu agréable, il faut l'employer de préférence à l'hyposulfite de soude, les clichés étant beaucoup plus purs.

Dans le cas où il serait nécessaire d'obtenir des blancs très purs, comme il arrive quand on reproduit des cartes géographiques ou des plans, on peut les obtenir, en renforçant le cliché, après le fixage, de la manière suivante :

Faire deux solutions :

1°	Eau distillée. . . .	100 cent. cubes.
	Iodure de potassium. .	2 grammes.
2°	Eau distillée. . . .	200 cent. cubes.
	Bi-chlorure de mercure.	1 gramme.

La glace étant bien lavée, on la couvre de la solution n° 1; au bout d'une minute, on la rejette et on la remplace par la solution n° 2; on continue ainsi, en alternant, jusqu'à ce que le cliché soit arrivé au point voulu.

Voilà toutes les recommandations se rapportant à la photographie pure, que nous croyons devoir faire ; en les suivant, on sera certain d'obtenir des clichés dans les conditions voulues, pour les procédés photo-typiques.

CHAPITRE VII

De l'Insolation

L'impression par la lumière, des plaques à la gélatine bi-chromatée, est l'opération la plus délicate de toutes celles qui constituent les procédés que nous décrivons, en ce sens que c'est celle où l'opérateur a besoin de toute sa sagacité, car pour ce travail il n'y a pas de règles certaines à fixer; le plus ou moins de force de la lumière, les qualités du cliché et le temps écoulé depuis la préparation de la plaque à impressionner, sont autant de considérations à faire entrer dans les variations du temps de l'exposition à la lumière.

Cependant, pour le photographe habitué à calculer le temps de pose nécessaire à l'obtention des clichés négatifs, celle des plaques bi-chromatées ne présente pas plus de difficulté. Toute personne, même non habituée à la pratique photographique, en mettant à profit les indications que nous allons donner pour guider l'opérateur, pourra, en peu de temps, s'acquitter convenablement de cette besogne.

Voici les règles qui peuvent guider pour l'exposition à la lumière :

Examiner le cliché au travers duquel on impressionnera, afin d'en bien connaître la force, et, d'après cet examen, on calculera le temps d'exposition qui sera nécessaire pour obtenir de ce cliché une épreuve sur papier nitraté. En supposant qu'il faille dix minutes au soleil, on poserait, pour les plaques gélatinées, un quart d'heure; et si, à la lumière diffuse, le même cliché exigeait une exposition d'une demi-heure, on devra doubler ce temps pour nos surfaces sensibles. Règle générale : — Un cliché pour les épreuves aux sels d'argent pose un temps déterminé. — Nous augmenterons de la moitié ce temps de pose, si elle est faite en plein soleil, et la doublons, si elle a lieu à la lumière diffuse.

Les photographes, qui reconnaissent du premier coup la valeur d'un cliché, l'impressionneront juste en peu de temps; les personnes à qui cette connaissance est étrangère, l'acquerreront par la pratique, et en sacrifiant, soit quelques morceaux de papier nitraté, soit même une ou deux plaques préparées. En général, il vaut mieux surexposer un peu, plutôt que de tomber dans l'excès contraire.

Comme il est facile de reconnaître lorsqu'une plaque a été trop ou trop peu impressionnée, il suffira d'en bien tenir compte en la recommençant.

Voici à quoi on reconnaîtra les expositions exagérées dans un sens ou dans l'autre :

La plaque bien exposée doit, en sortant du châssis, présenter l'image avec ses détails en brun foncé sur un fond or; les détails ne doivent point être trop exagérés, mais cette inspection ne suffit presque jamais pour se rendre très-exactement compte du résultat; ce n'est qu'à l'encrage que l'on pourra être exactement fixé.

S'il y a excès de pose, l'encre d'impression ne prend qu'imparfaitement sur les noirs; les blancs et les demi-teintes se salissent; il faut cependant se méfier, car, en général, la gélatine, même posée à point, ne prend pas toujours immédiatement le noir, et en continuant l'encrage, on voit souvent l'image se couvrir de mieux en mieux; on emploiera au besoin, pour y arriver, le moyen que nous indiquerons au chapitre spécial. Si au bout de deux ou trois essais faits pour encrer la planche, le défaut que nous venons de signaler persistait, c'est qu'il y aurait excès d'insolation.

Quant à celles qui auraient été insuffisamment exposées, dès qu'on le reconnaîtra, il faudra les recommencer; on ne peut s'en servir; les noirs s'empâtent immédiatement, et les demi-teintes font complétement défaut.

L'impressionnement des plaques métalliques se fait dans les châssis positifs ordinaires; pour les pierres lithographiques, on se servira de châssis spéciaux, quoiqu'on puisse se servir des autres, à la condition d'en rehausser les bords, toutes les pierres étant très épaisses.

Si, par les moyens que nous avons indiqués pour régler à peu près les temps de pose, on craignait de manquer quelques plaques, on pourra se servir du photomètre Vidal; quoique notre conviction soit, qu'avec un peu de pratique, il soit préférable de procéder comme nous l'avons indiqué plus haut, nos plaques ne sont ni assez coûteuses, ni assez ennuyeuses à faire, pour craindre d'en gâter quelques-unes en faisant des essais; d'autant plus qu'il n'y a qu'à débarrasser le métal pour s'en servir à nouveau.

Pour insoler, il n'est aucunement besoin que la lumière soit très-belle, pourvu que le temps d'exposition soit en proportion suffisante; par conséquent, on obtiendra d'aussi beaux résultats à la lumière diffuse qu'au soleil. Si l'on n'était pas certain que l'insolation puisse être complétement terminée le jour même, il vaudrait mieux, pour éviter un insuccès, remettre l'opération à un autre jour.

Dernière recommandation :

Évitez avec le plus grand soin l'humidité aux plaques préparées, en les laissant toujours dans des endroits secs.

CHAPITRE VIII

Du développement

La plaque étant insolée, on la rentrera dans le cabinet éclairé par une lumière jaune, où on la plongera immédiatement, la face en dessus bien entendu, dans une bassine en zinc remplie d'eau légèrement tiédie; elle y séjournera une demi-heure. Rejetant alors la première eau, on la remplacera par de l'eau beaucoup plus chaude, qu'il faudra changer trois fois, de cinq en cinq minutes.

Le premier lavage a pour but d'enlever le bi-chromate non insolé, en même temps que de ramollir la couche de gélatine; les lavages suivants enlèvent complétement toutes les parties non frappées par la lumière. On n'aura, par conséquent, sur la plaque, que les parties gélatineuses insolées et susceptibles de prendre l'encre d'impression.

Le lavage terminé, on remettra la plaque dans une

autre cuvette, dans laquelle on aura mis la solution suivante :

Eau.	1,000 c. c.
Acide gallique.	5 g.
Gomme.	15 »

On la laissera cinq minutes dans ce bain, au bout desquelles il faudra la laver de nouveau, pour, finalement, la mettre sur champ contre un mur ou dans une boîte, où elle sèchera spontanément. On doit éviter de chauffer directement les plaques, soit au feu, soit au soleil; si l'on était pressé, on n'aurait qu'à chauffer un peu fortement la pièce. Le lendemain, on peut déjà imprimer; il vaut mieux cependant attendre deux jours; mais vingt-quatre heures suffisent, au besoin, comme nous l'avons dit; en tout cas, la gélatine doit être sèche avant de procéder à l'encrage.

La solution d'acide gallique dans laquelle on doit passer les plaques, a pour but de rendre la couche de gélatine insoluble; on peut la remplacer par n'importe quelle solution, dans laquelle on fera entrer un produit qui aura les mêmes propriétés, la suivante est excellente :

Eau..	1,000 cent. cubes.
Alun.	40 gram.

Pendant le développement à l'eau tiède, il peut arriver fréquemment un accident, qui, si on ne s'en garantit pas, cause la perte immédiate de la planche; les parties formant les blancs de l'image et qui, par conséquent, n'ont pas subies l'action de la lumière, sous l'action de l'eau se gonflent, quelquefois, d'une manière exagérée et éclatent. Pour éviter ces sortes d'accidents, voici les recommandations, dont il sera bon de tenir compte :

La couche de gélatine, mise dans l'eau, n'en doit plus être enlevée qu'après avoir été passée dans la solution gallique ou alunée; l'eau doit, depuis le commencement jusqu'au complet achèvement du développement, être maintenu à la même température, et celle-ci ne doit jamais dépasser 35°. C'est-à-dire, qu'il faut éviter :

D'exposer la couche de gélatine à l'air, si on doit encore la mettre dans une autre solution.

Ce qui rompt l'équilibre et cause l'éclatement des parties non impressionnées; c'est pour la même raison qu'il faut éviter de changer la température des liquides.

Pour arriver à un bon résultat, voici comment il faudra procéder au développement.

La cuvette en zinc, dont on se sert, doit avoir un robinet, à l'aide duquel on peut la vider sans être obligé de la remuer. Avant d'y plonger la plaque on la garnira d'eau tiède au degré voulu, dès qu'on voudra la changer on ouvrira le robinet, jusqu'à ce que la moitié soit écoulée, en ayant soin que le restant du liquide soit suffisant pour que la couche soit toujours couverte; on remplace l'eau écoulée par de l'eau nouvelle au même degré et ainsi de suite. La solution gallique ou alunée doit, ainsi que les eaux de lavage qui terminent l'opération, être également chauffée à la même température.

On peut se servir d'un autre mode de développement qui est le suivant :

Dès que la plaque revient de l'insolation, on la laisse quelques instant exposée à l'air, pour lui laisser perdre la chaleur que peut lui avoir communiqué le soleil; on la place ensuite dans une cuvette contenant de l'eau froide pure, où on la laisse, à peu près, une heure sans changer l'eau; dès que tout le bi-chromate, en liberté, est dissous, on n'aura qu'à sortir la plaque pour la laisser sécher spontanément.

On obtient des résultats très différents, selon que l'on opère par le premier ou le second mode de développements, voici en quoi ils consistent :

L'eau chaude enlève, non-seulement, le bi-chromate

en excès, mais encore une notable partie de la gélatine non insolée ; par conséquent la surface à encrer est formée de reliefs, qui prennent le noir, et de creux qui le repoussent. Le mode d'impression sera donc celui du lithographe ou du typographe, et l'on devra imprimer avec les presses dont nous parlons plus loin.

Dans le second cas, l'eau froide n'enlève que le bi-chromate et laisse la gélatine intacte dans toutes ces parties, comme la gélatine, non-impressionnée, absorbe une grande quantité de liquide, qui la gonfle ; la couche est donc formée de creux, qui prennent l'encre, et de reliefs, qui la repoussent. Le mode d'impression sera, alors, plutôt celui qui convient à la taille-douce et, par conséquent, la presse la plus convenable serait celle de l'imprimeur en taille-douce.

Sans condamner, en rien, le développement à l'eau froide, qui peut donner de bons résultats, entre de certaines mains, nous préférons, de beaucoup, celui à l'eau tiède, malgré ces petits ennuis, que l'on parvient, du reste, à vaincre assez facilement.

Avant de terminer cette partie relative à la pratique purement photo-typique, disons que la manière d'opérer que nous venons de décrire, s'applique, indistinctement, à la reproduction du trait, ainsi qu'à celle des demi-teintes; il suffira, quand on devra faire des reprodutions de gravures, de dessins, etc., où il n'y a que des lignes, d'employer des couches un peu plus minces que celles dont on se servira pour le portrait.

On emploie fréquemment, dans les procédés dont nous nous occupons, deux couches sensibles différentes, nous ne les conseillons pas, lorsque l'on se servira de planches de cuivre, mais dans tous les autres cas elles sont presque indispensables, et voici pourquoi :

La gélatine bi-chromatée a une grande affinité pour le cuivre, auquel, étant sèche, elle adhère très-fortement; mais il n'en est pas ainsi, lorsque l'on opère sur d'autres surfaces, comme la pierre ou la glace; dans ce dernier cas surtout, la couche, dès qu'elle est complétement séchée, s'enlève par morceaux, il est donc bon de recouvrir toutes ces surfaces, — à l'exception du cuivre, — d'une première couche de solution sensible, et, celle-ci étant sèche, d'une seconde de la même solution.

Et, pour que la première couche adhère d'une manière parfaite à la surface plane, on devra l'exposer à l'action de la lumière, soit à travers la glace, soit en la présentant directement à la lumière.

De cette manière, comme la gélatine bi-chromatée,

réduite par la lumière, a une bien plus grande force adhésive, elle ne s'enlève plus, et offre, par conséquent, un appui solide à la seconde couche qui formera l'image; de plus, étant peu perméable à l'eau, elle lui assure une bien plus longue durée.

Comme on peut le voir par tout ce qui précède, nous n'admettons, dans nos manipulation photo-typiques, aucun mode de retournement de la couche de gélatine bi-chromatée; selon nous, ce moyen est mauvais, en ce qu'il ne permet jamais de compter sur l'exactitude complète des lignes, surtout quand il s'agit de reproduction de plans ou cartes géographiques.

Car, étant donnée une couche de gélatine étendue et séchée, sur une surface plane et rigide, cette couche subira certainement, en séchant, un mouvement d'extension; si, une fois impressionnée, on la mouille et qu'on lui fasse quitter le support rigide, il est certain qu'il y aura contraction et, par conséquent, distorsion dans un sens quelconque, même si on la reporte sur une seconde surface également plane et rigide.

FIN DE LA PREMIÈRE PARTIE

IMPRESSION

SECONDE PARTIE

CHAPITRE Ier

Des Outils

Au commencement de cette seconde partie, il est nécessaire de rassurer le lecteur sur une crainte bien légitime qu'il pourrait avoir, que nous avons eue aussi, du reste, : celle de ne pas réussir à imprimer convenablement, s'il n'est pas lithographe ; que l'on suive bien les indications que nous allons donner, et l'on aura une agréable surprise, les plaques étant bien préparées, celle de produire de bonnes épreuves au rouleau, sans jamais avoir été imprimeur. Non pas que nous voulions dire que l'imprimeur, dont c'est le métier, ne fera pas mieux avec les conseils qu'on lui donnerait ; bien loin de là; nous ne voulons pas dire non plus que, du premier jour, n'importe qui, imprimera des chefs-d'œuvre; mais ce que nous certifions, c'est qu'avec de la propreté, du soin et beaucoup d'attention, une personne un peu intelligente obtiendra, au bout d'un temps très court, de bons résultats.

Avant de décrire la manière d'imprimer spéciale à nos procédés, nous allons, pour toutes les personnes étrangères au métier d'imprimeur, puiser dans un ouvrage spécial tous les renseignements qui nous seront utiles plus tard. Comme nous l'avons déjà dit, nos procédés empruntent plus, quant à l'impression, aux procédés de la lithographie; c'est donc toujours à ce mode de production que nous ferons les emprunts nécessaires pour éclairer le lecteur sur l'usage des objets dont il se servira.

Voici les objets nécessaires à l'imprimeur :

Deux rouleaux;

De l'encre;

Du vernis;

Une table au noir;

Un racloir et un couteau;

Des éponges, des linges très propres, et divers autres petits objets dont nous parlerons au fur et à mesure que nous décrirons le procédé. Nous transcrivons ici les notes relatives à ces divers objets, telles que les donne le Manuel Roret :

Le rouleau est un cylindre en bois, terminé par deux axes ou manches que l'on fait ordinairement en bois plus dur que celui du cylindre. Les rouleaux sont garnis d'abord d'une ou deux flanelles (de molletons), et recouverts d'une peau de veau dont le côté de la chair est en dehors ; ces peaux doivent être de premier choix, exemptes d'entailles, et parées avec soin dans toute leur étendue. Le grain du cuir doit être égal, fin et d'un tissu serré, condition indispensable pour la peau d'un bon rouleau.

Avant qu'il soit possible de se servir d'un rouleau, il faut le *faire ;* on entend par cette expression l'imbiber suffisamment de corps gras, afin qu'au tirage il puisse repousser l'humidité.

On n'arrive au degré convenable qu'après l'avoir roulé pendant plusieurs jours sur la table au noir et l'avoir préalablement enduit de vernis ; en le raclant souvent avec le couteau dont le tranchant est émoussé, et en renouvelant plusieurs fois l'encre et le vernis.

Le rouleau dur, c'est-à-dire celui qui est garni d'une seule flanelle, a la propriété de retirer l'encre plutôt que de la donner. Celui qui est mou, c'est-à-dire garni de deux flanelles au moins, donne, au contraire, beaucoup d'encre. A la fin de la journée, les rouleaux doivent être dégarnis de l'encre, pour qu'ils puissent sécher pendant la nuit, et perdre ainsi l'humidité contractée par le travail de la journée.

Pour être bonne, l'encre d'impression doit être en rapport, par son degré de force, à la nature du travail auquel elle est destinée. Plus le vernis est faible, plus l'encre a de tendance à prendre sur les traits; mais aussi plus le danger d'empâter est grand et plus les épreuves sont lourdes.

Il arrive le contraire avec de l'encre faite avec le vernis très-fort. Pour obtenir de bonne encre, il faut y faire entrer le plus de noir possible; celle pour la lithographie se compose de vernis fort et de noir d'une qualité supérieure.

Quoiqu'il soit presque impossible de faire soi-même de l'encre convenable, et qu'on en trouve d'excellente dans les maisons spéciales, nous en donnons ici la composition, pour que l'on connaisse les matières qui y sont employées :

Cire jaune.	400 grammes.
Suif..	300 »

Gomme laque..	500	grammes.
Mastic en larmes épuré. .	100	»
Savon blanc.	400	»
Térébenthine de Venise. .	50	»
Huile d'olives..	50	»
Noir de fumée.	100	»

Le vernis d'impression est une des choses les plus importantes de la lithographie; car, sans bon vernis, pas de bonne encre, et, par conséquent, point de bonnes épreuves. Aussi recommandons-nous de ne tirer de vernis que d'une maison sûre et consciencieuse. Ce vernis est de l'huile de lin très-pure, cuite.

La table au noir est une planchette de marbre poli, ou une pierre lithographique poncée, de 30 à 40 centimètres de surface. Si la pierre est neuve, il faut avoir soin d'y passer à plusieurs reprises de l'huile de lin.

La raclette est celle que les vitriers appellent couteau à reboucher; il est important que la lame soit suffisamment affilée et droite sur le tranchant.

Le couteau pour le rouleau est un couteau ordinaire de table, mais peu tranchant.

Le choix des éponges n'est pas sans importance. Les éponges fines de toilette absorbent une quantité considérable d'eau, et en retiennent beaucoup trop lorsqu'on

5

les lave ; si on néglige de les nettoyer, elles s'encrassent et salissent la pierre. Les éponges très communes mouillent mal ; nous préférons celles qui sont vendues sous le nom d'éponges de Venise.

Nous terminons ici ces différentes notes, qui suffiront à faire mieux comprendre les recommandations que nous aurons à faire par la suite.

Dans la nomenclature des objets nécessaires, nous n'avons pas parlé de la presse. Celle qui sera nécessaire aux personnes qui voudront se livrer à la pratique industrielle de ce procédé est la même que celle du lithographe, connue sous le nom de presse Brisset ; elle est d'un prix assez élevé. Celle dont on fera usage, dans la plupart des cas, est la petite presse autographique modifiée, assez semblable aux presses dont on se sert en photographie pour cylindrer les épreuves. A la place de la pierre lithographique, il y a un bloc de bois dur, sur lequel on fixe les plaques à imprimer, dans le cas où on ne se servira que de plaques métalliques. Cette presse est d'un prix assez minime, comparativement aux autres.

CHAPITRE II

De l'Impression

Dès que l'on voudra procéder aux tirages de la plaque préparée et séchée, selon que nous l'avons indiqué précédemment, on la mettra dans une cuvette contenant de l'eau propre, et pendant qu'elle y séjournera, on s'assurera que tous les objets nécessaires pour la suite du travail sont à portée de la main. Sur une table à côté de la presse, on aura un premier bol d'eau distillée, un second vide pour l'éponge à humecter, un troisième avec l'éponge à essence ; de plus, des linges propres, ni trop vieux pour ne pas plucher, ni trop neufs, ils ne sont pas assez souples.

On s'assurera aussi qu'il y a sur la presse quatre ou cinq feuilles de papier propres, coupées à la grandeur de la plaque à imprimer, ainsi qu'une feuille de Bristol souple, de la même grandeur et préalablement cylindrée. Cette feuille de Bristol, ainsi que le papier, serviront de maculatures.

Tous ces objets étant prêts, avec la raclette on prendra un peu d'encre d'impression, — gros comme une noisette, — que l'on placera sur un coin de la table au noir. Quant à celle-ci, elle doit être placée sur une petite table, assez solide pour résister au va et vient du rouleau. On prend également, mais avec le couteau, un peu de vernis, moitié moins que d'encre, qu'à l'aide de la raclette on mélange avec le noir, sur le bord de la table au noir. L'encre dont nous nous servirons est une encre spéciale, très-chargée en couleur, que l'on trouvera maintenant dans de certaines maisons; on peut, toutefois, se servir de celle des typographes. Le vernis est le vernis moyen employé en lithographie. Le noir et le vernis, bien mélangés, sont étendus sur la table au noir, aussi également que faire se pourra; il est bon d'en garnir aussi le rouleau.

On roulera alors, de bas en haut et de haut en bas de la table au noir, le rouleau encreur, en ayant soin de le relever de temps en temps pour lui laisser faire plusieurs tours sur lui-même en l'air; de cette manière, ce n'est pas toujours le même endroit du rouleau qui porte sur les mêmes points de la table. Le mouvement du rouleau doit s'exercer dans tous les sens de la table; puis, à l'aide de la raclette, on enlèvera deux à trois fois l'encre du rouleau et de la table au noir pour la remettre jusqu'à ce que la couche s'étende d'une manière bien uniforme et sans aucune épaisseur.

On continuera le mouvement de va et vient du rouleau jusqu'à ce que le noir étant uniformément étalé, on entende un petit crépitement, et qu'en même temps on éprouve un peu de peine à faire quitter le rouleau.

Pour nos planches, qu'on le remarque bien, l'encre ne doit pas être liquide; au contraire, elle doit être encore plus compacte que celle du lithographe; par conséquent, à ce moment, elle ne serait pas convenable encore pour encrer; il faut décharger le rouleau. On aura donc à côté de la première pierre, qui sert de table au noir, une deuxième, sur laquelle on recommencera le mouvement de va et vient, à l'aide du même rouleau, mais sans mettre d'encre ni de vernis, celui du rouleau suffit. Cette seconde pierre se couvrira peu à peu d'une couche d'encre bien régulière, mais plus compacte et plus sèche que celle de la table au noir.

Quand on entendra encore le petit crépitement, mais moins accentué on s'arrêtera de nouveau. Le rouleau dont nous avons parlé jusqu'à présent ne doit servir à aucun autre usage ; on doit se servir d'un second rouleau pour prendre l'encre sur la pierre à décharger ; c'est ce second rouleau qui servira à encrer la plaque.

Tous ces soins préliminaires ne doivent pas durer plus de dix minutes, temps nécessaire pour laisser tremper la plaque. Cette dernière opération a pour but de gonfler la gélatine, dont les reliefs sont alors très-accentués, en même temps que les parties de la couche qui ne doivent pas être encrées, ayant absorbé une certaine humidité, sont plus propres à repousser les corps gras du noir d'impression.

Sortant alors la plaque de l'eau, on la placera sur une table ; et avec un linge doux et propre, on l'essuiera jusqu'à ce qu'elle soit sèche. On peut appuyer sur la couche, mais sans exagération.

A ce moment, la couche serait encore un peu trop humide, car, qu'on ne l'oublie pas, la surface ne doit jamais être mouillée ; elle doit, tout au plus, être humectée ; c'est en grande partie de ce point que dépend la bonne réussite. On aura donc le temps de fixer la plaque sur un bloc de bois, disposé à cet effet sur la presse autographique. Dans le cas où l'on se servira d'une presse lithographique, il est inutile de fixer la plaque; on la posera tout simplement sur une vieille pierre lithographique; cela fait, on donnera cinq ou six tours du deuxième rouleau sur la pierre à décharger. Fixer la plaque et reprendre l'encre, doivent se faire en trois ou quatre minutes; tarder davantage serait s'exposer à être obligé d'humecter la couche de nouveau. En fixant la planche, on fera bien de la placer de manière à ce que les parties de l'image qui doivent être les plus chargées de noir se trouvent vers l'opérateur ou à sa droite; car, malgré toute l'attention possible, c'est sur ces deux parties qu'instinctivement l'on appuie le plus.

En levant le rouleau dès que, par quelques tours qu'on lui aura fait faire sur la table à décharger, on aura rétabli l'adhérence de l'encre, on le roulera sur la plaque, d'abord de bas en haut et inversement; puis, de gauche à droite et inversement aussi, en inclinant diagonalement; on continuera ainsi jusqu'à ce que l'image apparaisse distinctement avec tous ses détails; elle doit paraître sur le fond rose du cuivre à peu de chose près telle qu'elle sera sur le papier. On doit, pour commencer, appuyer assez fortement pour continuer le mouvement avec plus de légèreté. En appuyant fortement, l'encre se dépose en quantité; le mouvement plus léger, permet, au contraire, d'enlever l'excès d'encre; pour bien faire, on doit donc continuer l'action du rouleau, — très-légèrement, — jusqu'à ce que l'on voie tous les blancs débarrassés de la légère couche de noir qui aurait pu s'y attacher.

Si après avoir bien encré la planche, comme nous venons de l'indiquer, l'image n'apparaissait pas dans de bonnes conditions, ou si même les deux ou trois premières épreuves n'étaient pas très bonnes, on ne s'en effrayera pas, car il est rare qu'il en soit autrement, on n'aura qu'à continuer; les suivantes, si la plaque est dans de bonnes conditions, seront bonnes. S'il arrivait cependant que l'encre ne prît pas bien, même après quelques encrages répétés, on l'enlèverait à l'essence. L'enlevage à l'essence se fait de la manière suivante.

On prend un peu d'essence de térébenthine et d'eau avec l'éponge réservée à cet usage, et l'on en frictionne la plaque; l'encre s'enlève immédiatement des parties où elle était retenue; avec un linge spécial, on enlève ce mélange; on mouille la couche avec de l'eau propre pour essuyer complétement avec un linge souple, très-propre également; la plaque est prête à être encrée de nouveau; par ce moyen, l'image reparaît beaucoup plus fine et plus vigoureuse; ce petit tour de main réussit très-bien pour les couches qui ont été un peu surexposées. Si l'image s'empâtait, il suffirait d'employer la même recette, et, en encrant de nouveau, on tâcherait d'éviter la cause qui aura amené l'empâtement en distribuant le noir en moins grande proportion.

En lithographie, on n'emploie ce moyen qu'avec beaucoup de circonspection; nos plaques gélatinées n'ont pas à en souffrir; nous n'hésitons donc pas à conseiller de s'en servir chaque fois que cela sera nécessaire.

La planche étant encrée à point, on pose le papier, le côté glacé sur l'encre, les doubles de papier et le bristol par dessus, et on donne la pression.

Il est inutile d'humecter la planche après chaque épreuve, comme cela se fait pour la pierre lithographique; on tirera cinq et même six épreuves sans y avoir recours. Nous le répétons, il faut, au cours du tirage, humecter légèrement la couche et non la mouiller; par conséquent, on trempera l'éponge dans l'eau distillée en la serrant fortement dans la main, on en exprimera l'eau autant que possible; dans cet état, on peut se servir de l'éponge une dizaine de fois sans la mouiller de nouveau. Chaque fois que l'on aura humecté la couche, on l'essuiera vivement avec le linge passé légèrement et vivement en tous sens; l'essuyage n'est pas nécessaire si l'on arrive à humecter la plaque, sans laisser aucune trace.

Le lithographe humecte les papiers dont il se sert pour imprimer, ces papiers sont sans colle ; ceux dont il faut se servir ici, sont au contraire employés à sec et doivent êtres encollés, le papier Rives fait très bien ; si l'on veut obtenir de très-belles épreuves, avec des noirs bien vigoureux, on se servira de papier porcelaine mat.

Lorsque les épreuves tirées sur ce dernier papier, sont sèches, on peut, pour leur donner un certain brillant, les frotter avec un petit tampon de mousseline fine, et un peu de talc en poudre, ces épreuves alors sont d'un très bel effet.

Dans le cas où l'on voudrait obtenir des épreuves à teintes, imitant celles des photographies, il n'y aura qu'à mélanger au noir, soit du carmin, soit du bleu, selon la teinte qu'on voudra obtenir ; et, s'il était nécessaire d'imiter encore plus complétement les épreuves aux sels d'argent, on n'aura qu'à faire gélatiner les épreuves une fois celles-ci bien sèches. Nous indiquons ces moyens, quoique nous croyons qu'il soit préférable de chercher plutôt à imiter les belles gravures.

Ici se termine l'impression, avant d'indiquer dans le chapitre suivant, les soins à prendre, et les moyens à employer pour éviter les insuccès, nous répétons à nouveau : chacun doit, au bout de peu de jours, pouvoir imprimer nos planches ; ceux qui, à nos indications, pourront joindre les conseils pratiques d'un bon ouvrier lithographe, seront certainement sûrs d'arriver à d'excellents résultats, car malgré le soin que nous mettons à bien indiquer chaque petit tour de main, il est certain que, pour celui qui n'a jamais pratiqué l'impression, les avis d'un praticien vaudront mieux que toutes les explications.

CHAPITRE III

Des soins et des insuccès

La propreté est indispensable, c'est une des conditions essentielles pour ce procédé, comme du reste pour tous ceux concernant la photographie, il est donc très important de bien veiller à ce que tous les objets dont on se servira, soient constamment tenus dans un grand état de propreté. Cette recommandation s'applique également à la partie photographique et à celle qui concerne l'impression.

Chaque objet doit avoir une destination spéciale, qui, sous aucun prétexte, ne doit être changée. La poussière surtout est le fléau de ces procédés, il en est de même pour la lithographie.

Nous n'avons pas la prétention d'indiquer tous les accidents qui peuvent arriver, mais on suppléera facilement à ce que nous ne disons pas, en se souvenant, que, toute précaution prise en faveur de la propreté, est une chance de réussite de plus. Voici les petites précautions qu'il faut prendre pour éviter les mécomptes ;

Le noir d'impression ne doit contenir aucune matière étrangère, par conséquent, il faut tenir la main à ce que la boîte qui le renferme soit toujours fermée, ainsi que celle au vernis; la table au noir ne doit jamais être exposée à la poussière, qui s'y attache facilement; si pendant le travail, il y tombait une impureté quelconque, il faudra l'enlever immédiatement. Quand, dans la journée, on aura à interrompre le travail, il sera bon de couvrir la table au noir, qu'il faudra, tous les soirs, dégarnir de l'encre, qui ne pourrait servir le lendemain, il faut donc autant que possible, n'en mettre chaque fois, que la quantité que l'on croira devoir employer.

Les rouleaux ont besoin d'être particulièrement bien soignés, c'est de là que proviennent beaucoup d'insuccès, ils doivent être toujours tenus comme la table au noir, et peut-être plus que celle-ci, à l'abri de toute matière étrangère, tout corps dur doit en être immédiatement enlevé, car, porté sur les planches, il s'y incruste en faisant un trou ; ces sortes d'accidents sont presque irréparables. Pour dégarnir les rouleaux, on tient de la main gauche une des poignées en appuyant l'autre sur la table, on enlève l'encre à l'aide du couteau dépourvu de tranchant, que l'on passe de bas en haut, en ayant soin, de biaiser légèrement la lame, pour ne pas endommager la peau qui recouvre le rouleau. Si l'on pense ne pas avoir à se servir des rouleaux pendant quelque temps, il est bon de les enduire de suif, qui conserve au cuir, toute sa souplesse ; il suffira, quand on voudra s'en servir de nouveau, d'enlever le corps gras avec le couteau, ou en passant le rouleau à l'essence.

Comme nous l'avons dit plus haut, on doit avoir trois petits bols, qui contiennent, l'un l'eau distillée, les deux autres chacun une éponge, comme il ne faut pas se tromper en employant mal à propos une de ces éponges pour l'autre, on fera bien de prendre ces petits vases de formes différentes, les erreurs seront moins faciles.

Les linges dont nous devons nous servir pour essuyer, doivent toujours être excessivement propres, on aura bien soin de les changer au fur et à mesure qu'ils se saliront, ceux cependant qui servent à essuyer l'essence pourront servir quelque temps quoique sales.

La presse, cela va sans dire, doit toujours être très

soignée, parce qu'elle coûte relativement cher, et qu'étant mal soignée, elle peut s'avarier, qu'ensuite, les souillures atteindraient bien vite les épreuves elles-mêmes. Les papiers et le Bristol qui servent à la pression, et font office de maculatures doivent toujours être propres, on les changera s'ils viennent à être salis ; on aura grand soin, chaque fois qu'on les placera sur la planche pour imprimer, que les traces qu'y laisse la pression ne puissent se trouver sur l'image, elles y marqueraient; s'il était possible de fixer les maculatures, de façon à ce qu'elles reviennent toujours aux mêmes endroits, cela éviterait ces accidents fâcheux. On évitera avec le plus d'attention qu'il se pourra, les plis du papier qui doit recevoir l'épreuve, ainsi que ceux qui pourraient se produire dans les maculatures, un pli, dans ces conditions, la pression étant donnée, causerait la perte sans remède de la planche, dont il aurait à coup sûr fendu la couche.

Nous avons dit déjà, qu'un corps dur porté sur la couche pendant l'impression, y faisait un trou, le même accident se produit, si en étendant la solution de gélatine bi-chromatée sur la plaque, on n'a pas la précaution d'en éliminer toutes les bulles d'air; à la pression de la presse, si petits qu'ils soient, ces globules d'air crèvent et forment autant de trous, qui non seulement font tache, mais peuvent entraîner la perte de toute la couche, en permettant à l'eau d'y pénétrer.

Dans le cas où les trous seraient nombreux, il n'y aurait qu'à abandonner la plaque, mais dans le cas où il n'y en aurait qu'un petit nombre, voici comment on pourra les enlever. Dégarnir la plaque de l'encre d'impression avec l'essence, comme d'ordinaire, et la laisser sécher jusqu'au lendemain; on pourra de même dégarnir, pour les laisser reposer vingt-quatre heures, les planches qui ont été souvent mouillées.

Le lendemain la couche étant bien raffermie, on prend avec le bout d'une aiguille, un peu de gélatine bi-chromatée, — de celle dont on se sert pour préparer les plaques,— juste ce qu'il en faut pour chaque trou qu'il s'agit d'annuler, que l'on pose délicatement sur la place entamée; on emploiera cette solution pour les endroits qui donnent les noirs, dans les blancs, on rebouchera avec de la gélatine sans adjonction de bi-chromate. Cela fait, on expose la plaque pendant quelques minutes à la lumière, et, en reprenant le tirage, on s'apercevra que l'encre reprend partout sans taches blanches. Il est assez facile, comme on le voit, de faire ce petit travail, mais il vaut mieux, si les piqûres sont nombreuses, recommencer la plaque.

Ce sont là, jusqu'aujourd'hui, les seules retouches que l'on puisse faire sur les couches gélatineuses; il est vrai que les épreuves se retouchent assez facilement, nous en parlerons à la fin de cette partie.

Chaque fois qu'on aura terminé le travail de la journée, on devra dégarnir la planche, et l'essence étant enlevée, la mouiller avec de l'eau mélangée d'un peu d'éther, qu'il faut essuyer de suite; pour recommencer le lendemain, il n'y a qu'à laisser tremper dans l'eau propre, et l'encre reprend parfaitement.

CHAPITRE IV

Des Reports photo-typiques

Au chapitre relatif au retournement des clichés, que nécessitent nos procédés, nous avons dit que nous indiquerions un moyen d'éviter cet ennui.

Ce moyen appartient encore aux procédés photo-typiques, le voici :

On prend du bon papier de report, ou mieux encore du papier de chine non encollé, que l'on pose, *légèrement humecté* par l'envers, sur une glace préalablement mise de niveau ; sur ce papier on verse alors une solution de gomme bi-chromatée préparée de la manière suivante :

Dans un flacon, mettre de la gomme arabique blanche jusqu'aux deux tiers du vase, et remplir avec de l'eau distillée.

Dans un second flacon, faire une dissolution de bi-chromate à saturation. Au moment de s'en servir, on mélangera 100 centimètres cubes de la solution de gomme avec 50 centimètres cubes de celle de bi-chromate, et l'on filtre à travers une flanelle. Ce liquide, quoique sirupeux, doit cependant s'étendre assez facilement sur le papier humecté ; si on éprouvait quelque difficulté on pourrait étendre la solution avec une petite éponge fine ou un blaireau.

La couche sensible étendue, ne doit pas être d'une épaisseur trop apparente, il faut toujours bien éviter les bulles d'air ainsi que la poussière. La solution étendue sans accident, on laissera sécher la feuille mixtionnée dans un endroit chauffé à 45°; on peut, pour que le papier sèche sans se recroqueviller, le fixer par les quatre coins.

On impressionne au châssis presse ordinaire, et comme ici on peut suivre l'impression, en regardant l'image à mesure qu'elle vient, il est facile d'éviter les erreurs fréquentes, que l'on a avec les plaques de cuivre; premier avantage. Il est inutile de dire que l'impression se fait au travers d'un négatif ordinaire, ancien ou nouveau et sans retournement d'aucune sorte. Le temps d'exposition nécessaire est à peu près du tiers de celui que nous avons indiqué pour les couches sur plaque.

L'impression terminée, le châssis est reporté dans la chambre obscure, où l'épreuve est appliquée, face en dessous, sur une surface plane, recouverte de quelques doubles de papier excessivement propre; avec une éponge humide, on en humectera alors l'envers.

Il est important de ne pas mouiller, il faut communiquer une certaine moiteur seulement à la feuille, nous insistons sur ce point, car les transports sont généralement difficile à bien réussir, si l'on ne se rend pas maître de tous les petits tours de main, qui en assurent toujours le succès, quand on les connait.

Si toutefois on avait mouillé plus qu'il ne faut, on attendrait que l'excès d'eau soit évaporé, avant de commencer le report sur la pierre.

Le papier étant dans l'état convenable, on fera le report, en prenant toutes les précautions usitées en pareil cas; comme nous décrirons dans le chapitre suivant, la méthode complète du report nous y renvoyons le lecteur, ne décrivant ici que ce qui s'éloignent des manières employées par les lithographes, et propres seulement à la photo-typie.

Dès que l'image est sur la pierre, on laissera celle-ci au repos, et toujours, cela va sans dire, à l'abri de la lumière. Si la pièce où l'on opère est un peu chauffée, la couche doit avoir fait prise avec la pierre, au bout d'une heure; s'il en est ainsi, on prendra un rouleau garni d'encre de report, additionnée de vernis faible avec lequel on encrera complétement toute la surface ; l'encre prendra partout si la couche est sèche, c'est ce qu'il faut ; prenant alors la pierre par le haut on la plongera dans un baquet d'eau acidulée avec de l'acide nitrique à 1 %. L'immersion doit se faire d'un seul coup, sans temps d'arrêt, et ne doit durer qu'une seconde ou deux au plus; replaçant alors la pierre sur la table, telle que, mouillée, on procède au développement de l'image.

La couche imbibée d'eau va céder maintenant partout où la lumière ne l'a pas rendu insoluble; pour arriver à ce résultat, on prend un second rouleau chargé d'encre, — un rouleau dur et qui ne devra servir qu'à cela, — avec lequel on passera, très-délicatement d'abord, sur toute la surface de la pierre. En vertu de l'affinité que possède un corps gras, pour un autre corps gras, l'encre qui couvre toutes les parties non insolées s'attachera au rouleau, et l'on verra presque instantanément l'image apparaître dans toutes ses parties, on continuera l'action du rouleau jusqu'au moment où l'image sera satisfaisante; ce point atteint, on laisse encore la pierre en repos pendant une demi-heure. Au bout de ce temps on mettra toute la pierre à tremper dans de l'eau propre, où on la laissera jusqu'à ce que tout le bi-chromate en liberté, soit complétement éliminé, et on la laissera définitivement sécher; cette dernière opération du lavage doit être faite très rapidement.

Toutes ces opérations terminées, le lendemain on pourra procéder à la retouche de la pierre si cela est nécessaire, en tous cas, retouchée ou non, avant de procéder au tirage, on devra l'aciduler et la gommer comme cela se fait pour toutes les pierres lithographiques ainsi qu'on le verra plus loin.

Par cette méthode, on évite le retournement du cliché.

On peut juger du temps d'exposition à la lumière d'une manière certaine.

L'épreuve sur la pierre se retouche très aisément, et, dernier avantage, la pierre supporte un tirage de 1,000 à 2,000 exemplaires; par suite de tous ces avantages, nous croyons devoir conseiller ce procédé, quoiqu'il soit plus difficile à pratiquer au premier abord.

CHAPITRE V

Des Reports lithographiques

Comme il peut arriver que l'on ait besoin de faire un report d'une épreuve de nos plaques photo-typiques, soit pour pouvoir y faire des retouches, soit pour obtenir un grand tirage, nous allons décrire toutes les opérations nécessaires pour faire un report lithographique complet.

Les pierres destinées au report, doivent être parfaitement effacées et poncées, sans raies, autant que possible. La négligence d'effaçage entraîne infailliblement la perte du report, par la difficulté de le nettoyer sans endommager le dessin. En hiver il faut chauffer légèrement les pierres, en les plaçant dans une étuve légèrement chauffée, cela doit se faire seulement au moment où tout est disposé pour le décalque, c'est-à-dire lorsque la pierre est calée, la pression réglée, la longueur de la course déteminée, enfin lorsqu'il n'y a plus qu'à disposer les épreuves à décalquer.

Pour prédisposer la pierre à bien prendre le décalque, on peut la poncer à sec, et de plus, quelques instant avant de faire le transport, y répandre de l'eau saturée d'alun que l'on essuieaussitôt. Il est important que le tirage des exemplaires destinés à être reportés soit précédé de la mise en train de la pierre-matrice par l'impression de quelques épreuves, on choisira la meilleure pour la reporter.

On se sert, pour tirer les épreuves sur la planche matrice, de l'encre de report, on devra, après chaque fois nettoyer la table et le rouleau, on ne mélange pas cette encre avec le vernis. On peut la rendre plus liquide en y ajoutant de l'essence de térébenthine. Après avoir lavé la planche à l'essence, pour la dégager de l'encre d'impression, l'encrage et l'impression se pratiquent comme l'impression ordinaire; on enlève l'épreuve avec précaution afin de ne pas la déchirer, et on la place dans le papier humide pour ne pas lui laisser perdre sa moiteur.

La pierre étant convenablement disposée sur la presse et dans de bonnes conditions de siccité, on mouille légèrement les épreuves par derrière, on les arrange sur la pierre, on les recouvre d'une bonne maculature et l'on donne une bonne pression. Sans relever le châssis, on fait une seconde pression, mais en retournant le rateau, si l'on se sert de la presse lithographique. On relève le châssis; si la feuille est bien adhérente, on retourne la pierre, on remouille un peu le papier, on renouvelle les maculatures et l'on donne deux nouvelles pressions. Enfin, on mouille beaucoup pour détremper la préparation du papier; et, si les pressions ont été suffisantes, si le papier a été mouillé à point, l'épreuve doit être sur la pierre.

Si les épreuves ont été tirées sur papier de chine, au lieu de les mouiller, on se contente de leur communiquer de la moiteur, en les intercallant entre des feuilles de papier sans colle mouillées, et de les couvrir, sur la pierre, avec les mêmes maculatures.

Immédiatement après avoir enlevé le papier, on lave la pierre pour en faire disparaître la colle ; c'est à ce moment, et lorsqu'elle est sèche, qu'on fait les retouches.

Puis on acidule et on gomme.

Dès que le décalque et les retouches sont terminés, la pierre doit subir, avant le tirage, une préparation qui fixe les encres de manière à pouvoir résister aux lavages réitérés de ce tirage, c'est l'acidulation et le gommage; cette opération a pour but :

1° D'enlever la poussière que le grainage et le polissage ont pu laisser sur la surface de la pierre ;

2° De la décaper des parties graisseuses provenant du contact de corps gras, ces parties pouvant empêcher la pierre de recevoir complètement la mouillure ;

3° D'assurer la pureté des traits en circonscrivant leur contour par un léger relief ;

4° D'augmenter la porosité de la pierre afin d'en faciliter la mouillure;

5° Enfin, de rendre l'encre insoluble à l'eau, en lui enlevant par l'acide, l'alcali qui est une des bases de sa composition.

Voici la composition de la gomme acidifiée :

Eau commune 500 cent. cubes.

Gomme arabique 125 grammes.

Acide nitrique 15 cent. cubes.

Cette préparation s'altère assez vite, on n'en préparera donc pas une grande quantité à la fois.

La pierre étant placée horizontalement sur une table, on étend le plus également possible la préparation, on frotte immédiatement avec la main par dessus la gomme jusqu'à siccité. On peut aussi aciduler par ablution, en versant d'un seul jet, l'eau gommée et acidulée sur la pierre; dans ce cas la solution de gomme acidulée doit être étendue de beaucoup d'eau, deux fois plus au moins. La pierre doit rester une demi-heure sous la gomme quand on l'a acidulée à la main, — elle peut, en employant moins d'acide, y rester du jour au lendemain.

On procède alors à l'encrage en se servant de noir d'impression ordinaire, suffisamment additionné de vernis faible et nouvellement distribué sur le rouleau, qui n'en doit être que peu chargé pour ne pas alourdir trop vite le report.

Il ne faut pas s'effrayer de la teinte nuageuse, générale ou partielle, dont se couvre assez souvent la pierre au premier encrage, et qui cède presque toujours à l'action du vin blanc ou du vinaigre et d'un peu de gomme étendus sur la pierre avec une éponge.

CHAPITRE VI

Des Retouches

Nous prévenons le lecteur, qu'en général, il vaut mieux produire des épreuves assez belles pour n'avoir pas besoin de retouche, mais, comme il est des cas où elles seraient indispensables, nous donnons quelques instructions pour guider celui qui voudra en faire. Les épreuves aux encres grasses se retouchent au crayon lithographique ou à l'encre d'impression délayée dans de l'eau distillée. S'il n'y a que des points blancs à boucher, on se sert d'un crayon très tendre ; mais si l'on voulait retoucher une épreuve, comme on le fait pour une photographie, il y a avantage à se servir de pinceau et d'encre. Si l'on confie ce travail à une personne habituée à faire de bonne retouche, on obtiendra, même avec des épreuves passables, d'excellents résultats; les blancs qui seraient un peu salis se nettoient avec le grattoir, on peut aussi les rehausser avec du blanc d'argent. Mais, nous le répétons, on fera bien de n'avoir recours à tous ces moyens que dans des cas exceptionnels, quand il s'agit des épreuves.

Nous avouons que nous préférons, de beaucoup, la retouche de la pierre à celle des épreuves; nous l'avons déjà dit, nos couches sur cuivre, zinc, etc., ne se retouchent pas, on doit, du reste, les produire assez bonnes, pour n'avoir pas à recourir à ce travail; mais si on avait besoin d'un grand nombre d'exemplaires, que l'on fasse un report d'après une planche photographique ou qu'on produise directement une épreuve sur pierre, d'après la méthode que nous avons indiquée; nous ne voyons pas pourquoi, on ne retoucherait pas les pierres avant de les donner au tirage, comme le font les lithographes, l'image gagnera des qualités qui lui manquent, ou qu'elle a perdues par le transport, sans lui nuire autrement.

Mais ce travail ne devra être confié qu'à des personnes connaissant parfaitement le maniement du pinceau et de l'encre lithographique.

Si, cependant, un retoucheur de photographie ou tout autre personne étrangère à la lithographie voulait s'adonner à la retouche des pierres lithographiques, nous leur conseillerons de profiter des renseignements que nous transcrivons plus bas, d'après M. Knecht :

1° Il doit avoir une collection de pinceaux;

2° Il faudra un rouleau en caoutchouc de 6 centimètres de largeur, mais sans couture.

3° Six estompes, également en caoutchouc, de différents calibres, de 1 à 10 millimètres à chaque pointe;

4° Deux petites pierres lithographiques très finement grainées, de 15 sur 20 centimètres;

5° Une petite plaque de zinc pour y étaler l'encre, de 15 à 20 centimètres;

6° Un flacon étiqueté I, contenant 30 grammes d'essence de térébenthine et 30 grammes d'essence de lavande;

7° Un autre flacon étiqueté II, contenant 100 grammes d'eau sur 30 grammes de gomme arabique en poudre fondue;

8° Un couteau à palette.

Pendant qu'on fera fabriquer la recette d'encre composée pour le lavis d'après Engelmann, dont nous donnons ci-après la formule (1), on pourra se servir d'une bonne encre grasse, que chaque imprimeur lithographe possède, et qui lui sert aux reports et pour la *conservation des pierres* mises en repos.

Nous la recommandons comme plus facile à employer que l'encre grasse.

Le petit rouleau (2) et les estompes se trouveront chez un des nombreux fabricants de caoutchouc vulcanisé, où ils se confectionnent sans difficulté (3).

Pendant la chaleur, on plonge l'instrument en caout-

---

(1) *Encre-lavis d'*Engelmann.

Cire jaune	8 parties
Suif	3
Savon	6
Gomme-laque	6
Noir de fumée calciné	2

Après la fonte et parfaite fusion de ces ingrédients, ajoutez :

Encre d'impression ordinaire	8 parties.

(L'eau ne doit point délayer cette encre).

(2) Se vend chez les fabricants de rouleaux : mais il est généralement couvert d'une peau cousue. Cette couture marquera, soit en noir, soit en blanc, sur le lavis ; pour éviter ce défaut, il faudra garnir le rouleau de caoutchouc, ou en acheter un en gélatine (composition de colle de Flandre et de mélasse), dont on se sert en typographie. Cependant le caoutchouc est préférable.

(3) Nous avons fait faire chez le fabricant de la rue J.-J.-Rousseau, des objets plus difficiles à confectionner.

chouc dans l'eau fraîche s'il était trop mou, pendant l'hiver, dans l'eau très chaude s'il était trop dur.

Il faut que l'instrument dont on veut faire usage soit doux, mais ni trop mollasse, ni trop sec.

Après cette recommandation, nous allons passer à la pratique.

Prenez avec le couteau à palette un peu d'encre grasse, mettez sur la plaque de zinc, versez dessus un peu du flacon I, et délayer l'encre pour la rendre fluide; passez-y le rouleau, et lorsqu'il sera chargé et que le mélange du flacon I sera un peu évaporé, essayez de passer le rouleau sur une des deux pierres grainées : vous devez produire une couche très-légère, unie et serrée comme un lavis (1). Il est à supposer que vous aurez essayé sur une partie de la petite pierre, et si le résultat n'est pas satisfaisant la première fois, il faudra recommencer jusqu'à ce que vous ayez obtenu une couche très légère et très égale.

Si la première pierre était remplie, lavez l'encre avec de l'essence pure, essuyez fortement, passez ensuite un peu d'eau de soude ou de potasse sur la pierre,

(1) L'encre d'Engelmann se façonne en bâton qu'on délaie en la frottant dans une assiette avec un peu du mélange du flacon I.

laissez sécher, et recommencez jusqu'à ce que vous obteniez une couche uniforme et légère, ce qui ne doit pas manquer si le rouleau est bien fait, l'encre bien divisée, et que la main s'habitue à passer avec égalité et une certaine adresse le rouleau sur la pierre pour y déposer un léger duvet d'encre.

Lorsque la personne aura réussi à couvrir la pierre avec égalité, il faudra essayer les estompes.

On chargera le petit rouleau d'encre grasse, on appliquera l'estompe sur le rouleau pour qu'il prenne l'encre, puis on tamponnera sur une feuille de papier blanc pour examiner la valeur du lavis qu'il y aura déposé. On comprendra que l'estompe, dont la pointe n'a qu'un millimètre de circonférence, ne peut guère déposer qu'une petite quantité de noir sur les aspérités de la pierre; mais cette quantité suffira pour donner un peu d'ombre au-dessous de l'œil, au milieu du front, du nez, etc.

Après avoir essayé de cette manière les six estompes d'un bout seulement, bien entendu, puisque l'autre peut servir à enlever quelques taches d'encre, on porte cette quantité d'encre sur le lavis qui couvre la pierre, en formant des ronds.

C'est encore un petit apprentissage à faire que de

déposer légèrement l'encre dont le petit tampon d'estompe est chargé sur l'encre qui forme le lavis. Cela est cependant beaucoup moins difficile que l'opération de couvrir une certaine étendue de lavis avec égalité, avec un petit rouleau moins large que la pierre.

Arrivons à une troisième opération, celle de couvrir une petite partie du lavis d'une couche du flacon II, étalée avec un fin petit blaireau le plus mince possible, pour que la gomme sèche promptement.

Lorsqu'on peut y passer le doigt pour s'en assurer, on charge le petit rouleau d'encre nouvelle qu'on aura rendue plus épaisse en y mettant moins du flacon I, puis on dépose cette encre, à l'aide du rouleau, sur toute la pierre non gommée; on couvre une autre partie du flacon II, puis on prendra de nouvelle encre pour une troisième, et ensuite pour une quatrième et dernière couche du lavis, les unes sur les autres. Alors on pourra produire tous les effets désirables par les quatre couches.

Si on avait l'imprudence de laisser trop du flacon I *dans l'encre*, ou d'appuyer trop fortement sur la pierre, de promener trop longtemps le rouleau, on manquerait l'effet. Les opérations d'augmenter la valeur du lavis doivent se faire assez promptement, et avec les précautions de laisser sécher la troisième couche avant d'y déposer la quatrième, et d'avoir sur le rouleau la quantité d'encre voulue, sans quoi on enlèverait les couches déjà mises.

Après avoir acquis assez d'habitude dans les opérations précitées, il en reste encore quelques-unes à détailler pour compléter le travail.

On prendra la seconde pierre et on tracera un sujet quelconque à la mine de plomb, à la sanguine, etc.

Si on n'a pas l'encre à lavis indiquée, on délaiera un peu d'encre grasse avec le liquide du flacon I, et, à l'aide d'un pinceau fin, on tracera les contours avec cette encre grasse. Si c'est une figure ou qu'il y ait du linge, on dessine avec un autre pinceau trempé dans le flacon II, le blanc de l'œil, les contours du linge, et généralement tout ce qui doit rester blanc.

Aussitôt que le tracé en noir et en blanc sera séché, on passe sur le tout le rouleau chargé d'encre, ainsi que les estompes s'il y a lieu. On peut répéter ces opérations trois ou quatre fois sur les parties chargées, et finalement on aura encore la ressource de donner, *par-dessus la quatrième couche du lavis*, des coups de force au pinceau et des lumières, en enlevant avec un canif ou grattoir tout ce qui est lumière.

Après ce dernier essai réussi, on peut attaquer le report d'une photographie sur pierre rendue sensible. On peut aussi retoucher les pierres à l'aide du crayon lithographique, mais la méthode que nous venons de décrire est préférable en ce sens qu'elle permet de dissimuler complétement la retouche.

CHAPITRE VII

Des divers objets nécessaires

Nous pensons être agréable à nos lecteurs en faisant ici un résumé de tous les objets nécesssaires à la pratique complète du procédé que nous venons de décrire; le commençant, il est inutile de le dire, n'aura pas besoin de tous ces objets, il n'aura qu'à choisir ceux qui sont indispensables (1).

Plaques de cuivre.

Id. de zinc.

Pierres lithographiques poncées ou grainées.

Sable tamisé.

Pierre ponce en poudre.

(1) On trouvera tous les objets nécessaires et fabriqués spécialement pour nos procédés, chez M. Audouin, cité Bergère, 5.

Molette à poncer.

Niveau d'eau.

Table au noir.

Raclette.

Rouleaux.

Manchon.

Photomètre Vidal.

Encre d'impression noire ou de couleur.

Crayons lithographiques.

Vis calantes.

Vernis lithographique.

Papier de report.

« de chine.

« à imprimer ordinaire.

« » porcelaine mate.

Presse spéciale ou

» lithographique.

Cuvette en zinc.

Eponges.

Produits spéciaux

Acide nitrique.
« acétique.
Ether sulfurique.
Essence de térébenthine.
Colle de poisson pure.
Gélatine préparée et purifiée.
Bi-chromate de potasse ou
« d'ammoniaque.
Ammoniaque liquide.
Gomme arabique.

Nous donnons, ici, les diverses grandeurs de papier usitées dans le commerce, ainsi que la dénomination des divers formats employés pour l'impression.

	MÈTRES		CENT.
Grand-Monde.	1 16	sur	0 85
Grand-Aigle..	1 05	»	0 70
Colombier.	0 85	»	0 60
Jésus.	0 70	»	0 54
Grand-Raisin.	0 62	»	0 47
Carré.	0 54	»	0 44
Coquille.	0 50	»	0 42

Ecu.	0 51	»	0 40
Couronne..	0 47	»	0 35
Teillère.	0 45	»	0 34
Pot.	0 40	»	0 31
Cloche.	0 39	»	0 30

Format des papiers

In-plano.	la feuille entière.		
In-folio.	»	divisée en deux.	
In-quarto.	»	»	en quatre.
In-six.	»	»	en six.
In-octavo.	»	»	en huit.
In-douze.	»	»	» douze.
In-seize.	»	»	» seize.
In-dix-huit.	»	»	» dix-huit.
In-vingt-quatre. . . .	»	»	en vgt-quat.

FIN DE LA DEUXIÈME PARTIE

TROISIÈME PARTIE

Procédé Woodbury

Ce procédé est, de tous les procédés photographiques d'impression, celui qui fournit les plus beaux résultats.

Le principe sur lequel repose cette nouvelle méthode d'impression est le suivant : Les couches de toutes matières demi-transparentes produisent, suivant leurs différents degrés d'épaisseur, différents effets d'ombre et de lumière. Par suite, si l'on a un moule en creux produit par l'action de la lumière sur la gélatine bichromatée, et, si l'on remplit avec une matière demi-transparente le creux ainsi obtenu, on obtient un deuxième moule dans lequel les parties qui ont la plus grande épaisseur prennent une teinte foncée, tandis que les parties les plus minces correspondent à des parties de plus en plus blanches.

Si, dans le moule en creux, on verse un mélange de gélatine et de matière colorante, si ensuite on applique sur ce mélange gélatineux une feuille de papier, et si enfin on presse entre deux rouleaux, parfaitement dressés, l'excès de matière colorante se trouve complétement chassé ; la gélatine, une fois prise, adhère au papier ; lorsqu'ensuite on arrache le tout, le moule reste parfaitement sec.

Production du relief en gelatine : Dissolvez 125 grammes de gélatine dans 600 centimètres cubes d'eau, clarifiez avec un blanc d'œuf et filtrez. A 125 centimètres cubes de cette solution, ajoutez 4 grammes de bi-chromate d'ammoniaque préalablement dissous dans 16 grammes d'eau chaude, laquelle eau on colore de bleu de Prusse afin de pouvoir plus tard juger du relief que possède la couche.

Cette gélatine est versée à chaud sur des feuilles de talc ou de mica, fixées sur une glace, ou simplement sur une glace revêtue de collodion épais à l'huile de ricin. Lorsque la gélatine a fait prise, on la laisse sécher dans l'obscurité et on détache du verre avec le talc ou le collodion.

La couche de gélatine est placée dans le châssis-presse derrière le négatif, la couche de talc ou de collodion étant en contact avec le négatif. On expose à la lumière et on développe à l'eau chaude, comme dans le procédé au charbon. Après dessication on a donc une image en relief du négatif.

La pellicule en relief de gélatine est pressée, entre une plaque d'acier et une plaque de métal mou (plomb et antimoine), celle-ci se trouvant en contact avec les reliefs de la gélatine. Il faut une pression de 500 kilogrammes par centimètre carré de surface.

Pour faire de grands moules, il faut donc recourir à des presses hydrauliques puissantes. M. Kurbutt, à Philadelphie, peut faire des surfaces de 40 centimètres sur 50. Le reproche que l'on faisait à M. Woodbury, de ne pouvoir produire que de petites épreuves n'est pas fondé.

La pellicule de gélatine résiste parfaitement à cette pression. Mais le moule en métal mou cède, et prend en creux tous les reliefs de la gélatine.

IMPRESSION.

Le moule, légèrement graissé, est placé sur le plateau d'une presse analogue à une presse à lettres à levier.

On verse au milieu de ce moule, une gélatine colorée tiède, on passe au-dessus une feuille de papier bien satinée, on abaisse le plateau supérieur de la presse.

La presse chasse l'excès de gélatine colorée, celle-ci se case dans les creux du moule. L'on attend alors quelques instants pour que la gélatine se solidifie en se refroidissant. Alors la presse est ouverte, la feuille de papier revêtue du relief de gélatine colorée, enlevée, immergée dans l'alun, et satinée.

Ce dernier satinage, *écrasant* les reliefs de l'image, celle-ci perd un peu de sa netteté. C'est le seul reproche que l'on puisse faire à la belle invention de M. Woodbury.

Ce procédé a encore l'immense avantage de permettre l'impression sur verre, sur bois, sur métal, et par suite de la transparence de l'encre dont on se sert, il devient très pratique pour faire des épreuves sur papier qui aurait reçu des teintes plates, préalables, de diverses couleurs.

(*Traité de Photographie de* VAN MONCKHOVEN. *édition de* 1874)

Outre le défaut que M. Van Monckhoven reconnait au procédé de M. Woodbury, que nous venons de transcrire, c'est-à-dire le manque de netteté, qui provient de l'applatissement de l'épreuve lorsqu'elle est cylindrée, — ce qui est indispensable, — ce procédé dans la pratique en a d'autres.

On conçoit facilement que la plaque de gélatine bichromatée ayant été séchée sur une surface plane, aura subi une certaine extension, qu'elle perdra par les différentes manipulations qu'elle subit ensuite en passant à différentes reprises dans l'eau chaude sans le support rigide, sur lequel elle a été préalablement étendue ; par conséquent, il est impossible qu'elle n'ait pas subi un mouvement de retrait lorsqu'elle est terminée; sans parler de la distorsion, si minime qu'elle soit, qui doit être la suite d'un applatissement de 500 kilogrammes par centimètre carré de surface.

Ce procédé ne peut donc pas être employé pour la reproduction d'épreuves exigeant une grande exactitude dans les lignes, telle par exemple que les cartes géographiques.

Défaut très grave aussi, l'installation d'une machine hydraulique est une dépense de 5,000 à 8,000 francs, ce qui limitera un peu l'exploitation du procédé, et ce prix serait encore beaucoup plus exagéré si l'on cherchait à produire des épreuves de grandes dimensions. Pour terminer toutes les critiques que motive ce procédé, disons que la couche qui forme les épreuves est de la gélatine additionnée d'encre de chine et d'autres matières colorantes du même genre, et qu'il n'est pas encore prouvé que ces épreuves soient aussi solides que celles tirées à la presse avec les encres d'impression.

Procédé Edwards

Sur une glace épaisse dépolie, enduite d'un peu de cire, étendre la solution de gélatine ci-dessous :

Eau 100 centimètres cubes.

Gélatine blanche 25 grammes.

Bi-chromate de potasse 4 grammes.

Après dissolution on filtre sur une flanelle.

On en versera environ l'épaisseur de cinq millimètres ; on mettra à sécher dans une pièce chauffée par le calorifère à air chaud, condition essentielle pour activer la dessication de la lame gélatinée qui, amenée à l'état sec, devra présenter l'épaisseur de 1 millimètre environ. On la détache du verre avant de l'employer, la surface, préalablement adhérente au verre, étant celle qui devra être appliquée au cliché durant l'exposition.

M. Léon Vidal trouve cette méthode de préparation longue et difficile, et pense qu'en adoptant la marche suivie pour la fabrication des papiers mixtionnés, en ne les colorant pas et en observant une différence d'épaisseur dans la couche, on arriverait sûrement et plus vite à un bon résultat.

L'opérateur muni de feuilles gélatinées, qu'il trouverait toutes faites, n'aurait plus qu'à les sensibiliser et à les transporter, par adhérence, contre une plaque de zinc après insolation. Le développement normal laisserait sur le zinc l'image gélatinée toute prête.

EXPOSITION A LA LUMIÈRE.

La lame gélatino-bi-chromatée étant bien sèche, est exposée sous un cliché dans le châssis-presse, à la lumière diffuse, le temps convenable. La lame de gélatine impressionnée présente une image peu visible ; mais l'effet produit est celui-ci : La lumière qui a plus ou moins, çà et là, traversée le cliché, a formé un dessin qui a pour propriété de repousser l'eau. On verra plus loin que cette action chimique, produite par la lumière sur la gélatine bi-chromatée, est mise à profit pour l'encrage de la plaque au moment du tirage ; on solidifie avec l'alun.

APPLICATION DE LA LAME DE GÉLATINE SUR LA PLAQUE.

Le zinc, de l'épaisseur de 2 millimètres environ, doit être plané et grainé.

La lame de gélatine impressionnée, mais dont l'image est à peine visible, étant plongée dans l'eau s'y ramollit et devient agglutinative ; en cet état, elle est appliquée, le côté impressionné en dessus, sur la plaque de zinc, et l'excès d'eau étant chassé avec la racle en caoutchouc, il y a attraction entre les deux corps, et adhérence parfaite par le fait même de la pression atmosphérique et absorption de l'eau ; mais, recommandation importante, bien observer qu'il ne reste pas de bulles d'air interposées. Pour cela, rien ne réussit mieux que d'appliquer l'un contre l'autre la gélatine et le zinc pendant qu'ils sont sous l'eau, les retirer, les placer sur le bord de la cuvette et immédiatement agir avec la râcle, comme il est dit plus haut. Cela fait, on remet le tout dans l'eau, le temps nécessaire à la dissolution du bi-chromate de potasse, qu'il faut éliminer, afin de prévenir toute action ultérieure de la lumière sur la gélatine bi-chromatée, et alors la plaque est, si nous pouvons nous exprimer ainsi, polytypée par la lumière, prête pour l'impression sous la presse, après toutefois avoir obtenu la dessiccation.

ENCRAGE DE LA FORME.

Avec une éponge imbibée d'eau, mouiller la forme, enlever l'excès de cette eau avec la râcle en caoutchouc et encrer de la façon suivante :

Avec une spatule, prendre de l'encre (de typographe), mise en provision sur l'angle du marbre, disposé à cet usage, en mettre sur plusieurs endroits du rouleau, promener celui-ci, en le faisant tourner, sur le marbre de façon à y étendre l'encre.

Enfin, le rouleau se trouvant garni d'une couche régulière et égale d'encre grasse, on procède à l'encrage du dessin, en promenant le rouleau à sa surface pour y distribuer partout une couche régulière de noir ou de toute autre couleur au vernis, autrement dit : encre d'impression.

Une seconde et même opération, moins le mouillage, se répète avec de l'encre plus faible ; pour ce second encrage, la couleur sépia produit un très bon effet.

Les parties du cliché gélatiné, non atteintes par la lumière, restent hygrométriques, tandis que, au contraire, les parties insolubilisées repoussent l'eau, c'est ce qui explique que le rouleau encreur, étant passé sur le dessin, dépose de l'encre là seulement où il n'y a pas d'eau et glisse, sans rien déposer sur les parties mouillées. La planche se trouve prête pour l'impression.

IMPRESSION PAR LA PRESSE TYPOGRAPHIQUE.

On passe du buvard sur la plaque pour enlever l'eau qui reste encore et qui pourrait nuire à la netteté du dessin.

Après avoir couvert les marges du dessin polytypé avec une cache en papier, convenablement découpée, pour préserver cette marge, on pose dessus le papier destiné au tirage, on le recouvre d'un feutre épais, on fait glisser le tout sous la presse et on donne la pression.

Par un mouvement inverse, on fait rétrograder la forme, on retire le feutre, on peut alors enlever le papier, il est revêtu d'un dessin dont la marge est restée blanche et pure. La cache est également enlevée, afin de servir, de nouveau, à l'opération suivante.

« MARION »

Ce procédé, ainsi que tous ceux dont l'impression se fait aux encres grasses, nous paraît de beaucoup préférable au précédent, quoique celui-ci ait encore un défaut à nos yeux, celui de subir un transport; selon nous, on n'obtient réellement de résultat certain, comme exactitude, qu'à la condition de faire toutes les opérations sur un seul et unique subjectile.

Albertypie

Ce procédé est, au fond, identique à celui de M. Poitevin. Il en diffère, toutefois, par plusieurs perfectionnements, en apparence de peu de valeur, mais qui sont considérables, au point de vue pratique.

Une glace, finement dépolie, est placée horizontalement, la surface dépolie en haut. Elle est recouverte d'une solution préparée de la manière suivante :

6	grammes	Gélatine.
300	»	Eau distillée.
5 à 6	»	Bi-chromate d'ammoniaque.

La gélatine doit être préalablement placée, pendant une demi-heure, dans l'eau distillée froide, puis on chauffe le liquide à 40 degrés centigrades, et l'on y ajoute le bi-chromate dissout dans un peu d'eau.

A ce liquide, l'on ajoute 100 cent. cubes d'albumine, préalablement battue en neige et déposée. Quand le mélange est refroidi à 25 ou 30 degrés centigrades, on le bat de nouveau fortement et on le filtre dans un endroit chaud.

Le liquide a une consistance sirupeuse, s'il est à une

température convenable, on l'étend sur la glace dépolie, en couche plus ou moins épaisse, puis on laisse sécher la glace dans une grande boîte, formée de parois de toile tendues sur châssis. Sur la toile on colle du papier buvard. L'intérieur de la boîte est maintenu, par un courant d'eau chaude, à la température de 30 degrés centigrades.

Il est bien entendu que la dessication s'opère dans l'obscurité.

Quand, au bout de quelques heures, la couche de gélatine ne colle plus, on met la glace sur un drap noir, la gélatine en contact avec le drap, et on l'expose de 5 à 10 minutes à la lumière du jour. La partie de la couche de gélatine, en contact immédiat avec la glace, est ainsi insolubilisée. La deuxième couche, dont nous parlerons tout à l'heure, ne peut atteindre le verre, et est ainsi d'une beaucoup plus grande adhérence.

Ceci est un perfectionnement original et important, parce que l'humidité des rouleaux lithographiques ne peut venir adhérer au verre. De là, possibilité d'un tirage bien plus considérable que dans les procédés dans lesquels on n'emploie qu'une seule couche.

La plaque de verre est, à présent, rentrée dans une pièce faiblement éclairée, plongée une demi-heure dans l'eau froide, et séchée dans une position verticale, à l'abri de la poussière. Cette opération n'est point indispensable.

La seconde phase du procédé consiste à couvrir la première couche de gélatine d'une seconde, dont voici la composition :

(*A*) Environ	20	gram.	de gélatine sont ramollis dans
	125	»	d'eau distillée froide.
(*B*)	4	»	de colle de poisson divisée au marteau, sont ramollis dans
	60	»	d'eau froide.

Puis les liquides sont, lentement, chauffés jusqu'à dissolution de la gélatine, qui ne se fait jamais entièrement.

(*C*) Albumine battue en neige déposée et filtrée à travers un linge.

(*D*)	10	grammes	Bi-chromate de potasse, sont dissous dans	
	60	»	Eau distillée. filtrez.	
(*E*)	5	»	Lupuline	sont digérées 12 heures dans
	3	»	Benjoin	
	2	»	Baume de Tolu	
	100	»	Alcool aqueux (à 80° pèse-alcool Gay-Lussac).	

(*F*)	1	»	Nitrate d'argent.
	30	»	Eau distillée.
(*G*)	2	»	Bromure de cadmium.
	2	»	Iodure »
	30	»	Eau »

De ces diverses solutions, on mélange d'abord A et B. Quand le liquide est refroidi à 35 degrés, on y ajoute de

(*C*)	environ	6	grammes
(*D*)	»	36	»
(*E*)	»	4	»
(*F*)	»	1 1/2	»
(*G*)	»	45	»

Il se produit un précipité dans le mélange, que l'on secoue fortement, puis que l'on filtre et que l'on reçoit dans un flacon maintenu à 35° centigrade.

L'auteur de cet ouvrage conteste absolument l'utilité des solutions F et G. Mais le point sur lequel il insiste tout particulièrement, c'est le choix de gélatine de bonne qualité.

Une solution de colle de poisson fraîche, naturelle, simplement additionnée de bi-chromate de potasse et d'albumine, suffit au lieu et place du mélange compliqué de M. Albert.

La glace, recouverte de gélatine insolée, qu'elle ait été lavée ou non à l'eau froide, et immergée dans l'eau tiède (40°), jusqu'à ce que l'eau coule en nappe continue à sa surface, puis égouttée une demi-heure dans une position verticale, et enfin recouverte de la gélatine bi-chromatée dont nous venons de donner les formules, et cela à plusieurs reprises.

La glace est maintenant placée dans une position horizontale dans l'armoire à parois de toile, armoire qui, nous l'avons déjà dit, doit être maintenue à 30 degrés. La couche sèche est alors sensible à la lumière.

L'épaisseur de la 2me couche doit varier de 1 à 3 millimètres. De même que l'épaisseur de la première couche, elle doit varier selon l'intensité du négatif à copier. Les couches minces sont bonnes pour la reproduction de la gravure au trait, les couches épaisses pour les demi-teintes.

La glace sèche est appliquée dans le châssis-presse contre le négatif, et insolée un quart d'heure, et ce, jusqu'à ce que toutes les nuances de l'image soient visibles à travers la glace, qu'on examine de temps à autres en ouvrant le châssis-presse.

Si le négatif n'a pas été préalablement renversé, les images fournies par la planche seront elles-mêmes renversées, ce qui, pour bien des images, n'offre point d'inconvénient.

A présent, la glace est plongée dans l'eau tiède et lavée jusqu'à disparition complète des dernières traces de chromate, et finalement séchée dans une position verticale.

On reconnaît aisément, pendant ce dernier lavage, si la couche est surexposée ou exposée trop peu à la lumière. Dans le premier cas, le sel de chrome en excès ne se laisse point enlever par les lavages. Dans le second cas, la deuxième couche adhère mal à la première, ce que l'on reconnaîtra aisément, plus tard, pendant l'impression lithographique.

L'albumine que l'on ajoute à la gélatine donne à la couche un aspect dépoli et une consistance plus serrée, ce qui empêche la pénétration de la lumière pendant l'exposition de la couche derrière le négatif.

Avant de soumettre la couche à l'impression lithographique, on l'immerge pendant quatre à cinq minutes dans l'eau froide additionnée de glycérine, puis on passe à la surface une éponge mouillée et exprimée, pour la frotter avec un morceau de flanelle imbibée d'huile, et la repasser de nouveau à l'éponge mouillée. Alors on procède immédiatement à l'encrage.

La glace est ensuite soumise à l'impression au rouleau, dans la presse lithographique, et ceci est la partie la plus délicate et la plus difficile du procédé. Aussi faut-il pour la faire convenablement, un ouvrier habile. L'encrage est-il empâté, on enlève l'encre à la térébenthine avec une éponge.

La glace doit être assujettie avec soin, soit sur une couche en plâtre, soit sur un feuille de caoutchouc.

Quand la plaque est imprimée, il faut éviter de la laisser sécher complétement, sinon la gélatine pourrait s'enlever spontanément du verre. Le mieux est, après l'impression, de laver la couche à l'éponge, puis avec une seconde éponge imbibée d'eau et d'éther sulfurique.

Procédé Obernetter

M. Obernetter de Munich, après avoir insolé la première couche, la recouvre de la seconde, comme dans l'Albertypie, et, après l'exposition à la lumière de la couche derrière le négatif, la recouvre de zinc en poudre impalpable. La glace est alors fortement chauffée à 200 degrés centigrade.

Puis la plaque est soumise à la morsure de l'acide chlorydrique étendu et lavé. De la sorte, ces parties de gélatine, qui sont recouvertes de poudre de zinc, se laisse plus ou moins mouiller par l'eau, tandis que les autres parties, auxquelles la poudre de zinc ne s'est pas attachée, sont aptes à recevoir l'encre grasse.

Comme résultat final on obtient un certain grain dans l'image, et de plus, les plaques peuvent subir un tirage bien plus considérable que celles de M. Albert.

(*Traité de Photographie de* Van Monckhoven. *édition* 1874.)

Jusqu'à présent ce sont ces deux derniers procédés qui nous paraissent donner les meilleurs résultats, entre les mains de MM. Albert et Obernetter, seulement il est vrai, car de tous ceux qui les ont essayés, il en est bien peu qui aient produit d'aussi beaux résultats. Nous croyons que ces procédés n'ont jamais été connus complétement tels quels, et, deuxième cause d'insuccès, c'est que la partie la plus difficile à réussir est le tirage par la presse, qui demande à être fait dans des conditions toutes particulières. Néanmoins ces deux procédés, mais simplifiés, sont excellents.

Impression photographique en taille-douce.

Nous avons déjà dit au commencement de ce livre, que ne voulant indiquer que les procédés réellement pratiques, nous ne décririons que ceux connus sous les noms de lithophotographie, photo-typie, etc. ; qui nous paraissent être pour le moment, seuls dans les conditions de certitude voulue pour être pratiqués usuellement. Mais étant de ceux qui ne croient aucun progrès impossible, nous ne saurions terminer ce traité sans dire quelques mots des procédés ayant pour but la production, par la photographie, de planches servant à l'impression en taille-douce, et des progrès réalisés dans cette voie.

Il est bien entendu que le mode de production du type, est le même que celui des différents procédés précédemment décrits, c'est-à-dire que c'est toujours celui de M. Poitevin, ayant pour base la gélatine bichromatée.

Jusqu'à présent, tous les procédés de ce genre donnent les lignes, mêmes celles d'une grande finesse, et sont excellents pour les reproductions de gravures et autres sujets de ce genre; celui de M. Baldus est, selon nous, le plus certain de cette catégorie.

Mais aucun n'a donné de bons résultats quand aux demi-teintes, cependant dans ces derniers temps, M. Rousselon a produit les meilleures épreuves tirées en taille-douce, et c'est son procédé qui paraît devoir réaliser le progrès le plus accusé dans ce genre.

Nous avons indiqué déjà la théorie de la taille-douce, mais avant de décrire les principes connus des procédés de MM. Baldus et Rousselon, nous allons sommairement y revenir, pour indiquer les différents obstacles, qu'il s'agissait de vaincre, pour arriver à produire photographiquement les planches propres à ce genre d'impression.

La gravure en taille-douce, se fait ordinairement sur acier ou sur cuivre, le premier métal est le meilleur comme durée, mais on lui préfère aujourd'hui le second, qui est moins coûteux et se travaille plus facilement; le défaut capital du cuivre était de s'user trop vite à la presse, mais, depuis que l'on peut aciérer les planches, celles en cuivre donnent le même nombre d'exemplaires que celles en acier, et sont, par conséquent, employées de préférence; comme nous l'avons déjà dit, l'image est formée par des tailles qui retiennent l'encre. Il s'agit donc de produire des planches d'une grande durée et ayant, soit des creux, soit un grain pouvant retenir le noir d'impression et l'empêcher de couler.

Par les procédés à la gélatine, on obtient des planches qui retiennent également l'encre ; mais, outre que ces surfaces, n'offrent pas la résistance d'une plaque métallique, étant dépourvues de grains, on n'obtient que le trait et presque pas du tout la demi-teinte.

Nous avons vu dans les descriptions de M. Poitevin, qu'il faisait un surmoulage de la plaque de gélatine, et que de ce premier moule, à l'aide de la galvanoplastie, il obtenait une planche de cuivre propre au tirage ; mais lui aussi n'avait vaincu que la première difficulté, la seconde existait toujours.

On a depuis essayé de bien des moyens pour obtenir ce grain remplaçant la taille et indispensable pour obtenir de belles épreuves à teintes graduées.

Après avoir produit l'image sur une couche de gélatine étendue sur plaque de cuivre, les uns la gravait par le sesqui-chlorure de cuivre, les autres à la pile électrique, et d'autres encore par différents produits ou acides plus ou moins bien appropriés à ce travail ; on obtient ainsi les traits, mais rien de plus.

Le meilleur procédé connu jusqu'à présent, est une

très heureuse modification du procédé primitif de M. Poitevin, c'est-à-dire celui du surmoulage des reliefs d'une épreuve faite sur gélatine bi-chromatée. L'invention consiste : 1° Dans le genre du surmoulage ; 2° dans l'adjonction d'un grain qui permet d'obtenir les épreuves avec demi-teintes aussi complétement que par la photographie proprement dite. Ce procédé est celui de M. Rousselon.

Dans le procédé pratiqué par M. Baldus, après avoir produit une image sur couche de gélatine étendue sur la planche de cuivre, on encre cette image comme nous l'avons indiqué pour le procédé décrit dans la première partie de ce livre ; l'on procède ensuite à la morsure, soit par la pile électrique, soit par les acides, et l'on obtient une planche gravée.

Nous supposons que l'encre dont on doit se servir, est de l'encre d'impression, mais avec adjonction de produits résistant mieux aux acides, que ne le fait celle dont on se sert habituellement.

Ce procédé très simple est très-bon lorsqu'il ne s'agit que de traits.

M. Rousselon emploie, pour son procédé, les données de M. Woodbury; celui-ci, après avoir produit une lame de gélatine bi-chromatée, comme dans le procédé qui porte son nom, continue toutes les opérations comme pour ce même procédé.

Seulement, à la gélatine bi-chromatée, il ajoute soit du verre pilé très-fin, de l'émeri ou de la poudre de charbon destinée à former le grain; la lame de gélatine après avoir été développée et séchée, est comprimée contre une planche de plomb dans laquelle elle laisse son empreinte.

De cette planche de plomb, on obtient, par la galvanoplastie autant de planches de cuivre qu'il est besoin.

M. Rousselon procède exactement de la même manière, seulement au lieu de produire le grain en ajoutant des poudres à la liqueur sensible, il y ajoute un produit qui fournit ce grain tout naturellement; plus le temps d'exposition est prolongé, plus le grain est apparent. Ce procédé qui, d'après ces résultats, semble très-bon, étant la propriété de son auteur, n'est connu que par ce que M. Rousselon en a dit lui-même à la Société française de Photographie en présentant des épreuves faites par lui.

Ces épreuves dit-il, sont obtenues au moyen d'un premier moulage en creux fait par le procédé Woodbury, c'est-à-dire par la compression de la gélatine, sur une surface plane en plomb (ou d'un alliage métallique mou), au moyen de la presse hydraulique.

La nouveauté du procédé consiste en un moyen particulier pour obtenir immédiatement dans cette gélatine le grain nécessaire à la gravure. Ce grain se produit, sous l'influence de la lumière, par l'addition d'une substance que j'y incorpore, et il est d'autant plus gros que l'action de la lumière est plus vive et plus prolongée.

L'épreuve gélatinée et comprimée sur le plomb, donne sur la surface métallique, les différences de grain, et, au moyen de la galvanoplastie, on obtient une planche qui peut-être tirée comme la gravure en taille-douce.

Nous bornons ici les extraits des divers procédés photo-typiques ; le lecteur saura faire, en pratiquant notre premier procédé, de bonnes épreuves à coup sûr, et s'il veut faire des essais pour arriver à mieux, les quelques procédés que nous donnons ici, et qui sont les plus sérieux en ce genre, suffiront pour le guider dans ses expériences.

FIN

8.

TABLE DES MATIÈRES

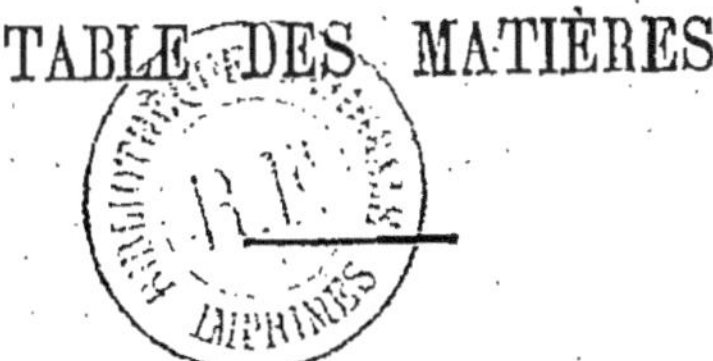

Impression. — Seconde partie.

Troisième partie.

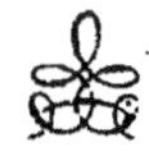

Paris. — Typ. Veuve Édouard Vert, rue Notre-Dame-de-Nazareth, 29.

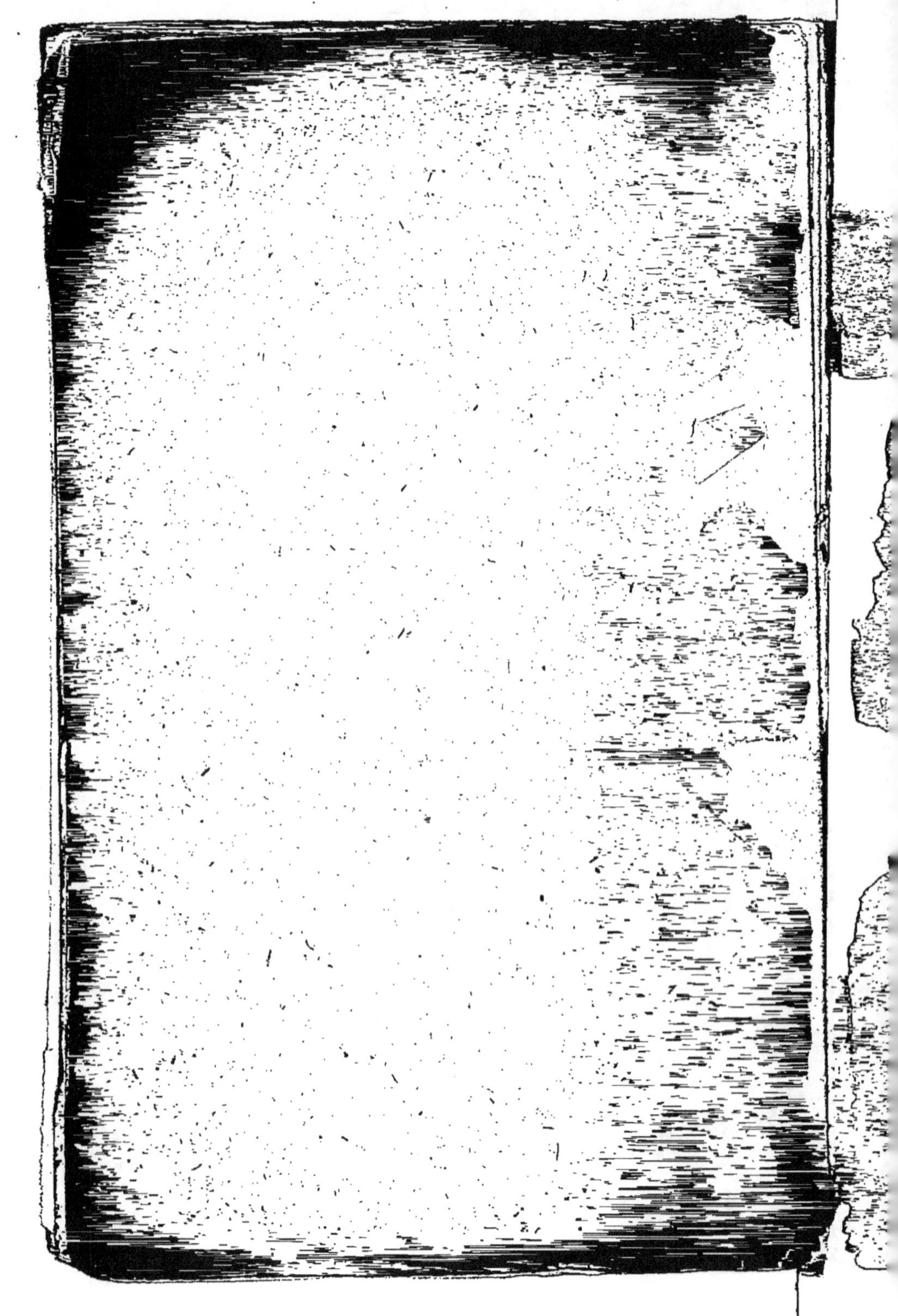

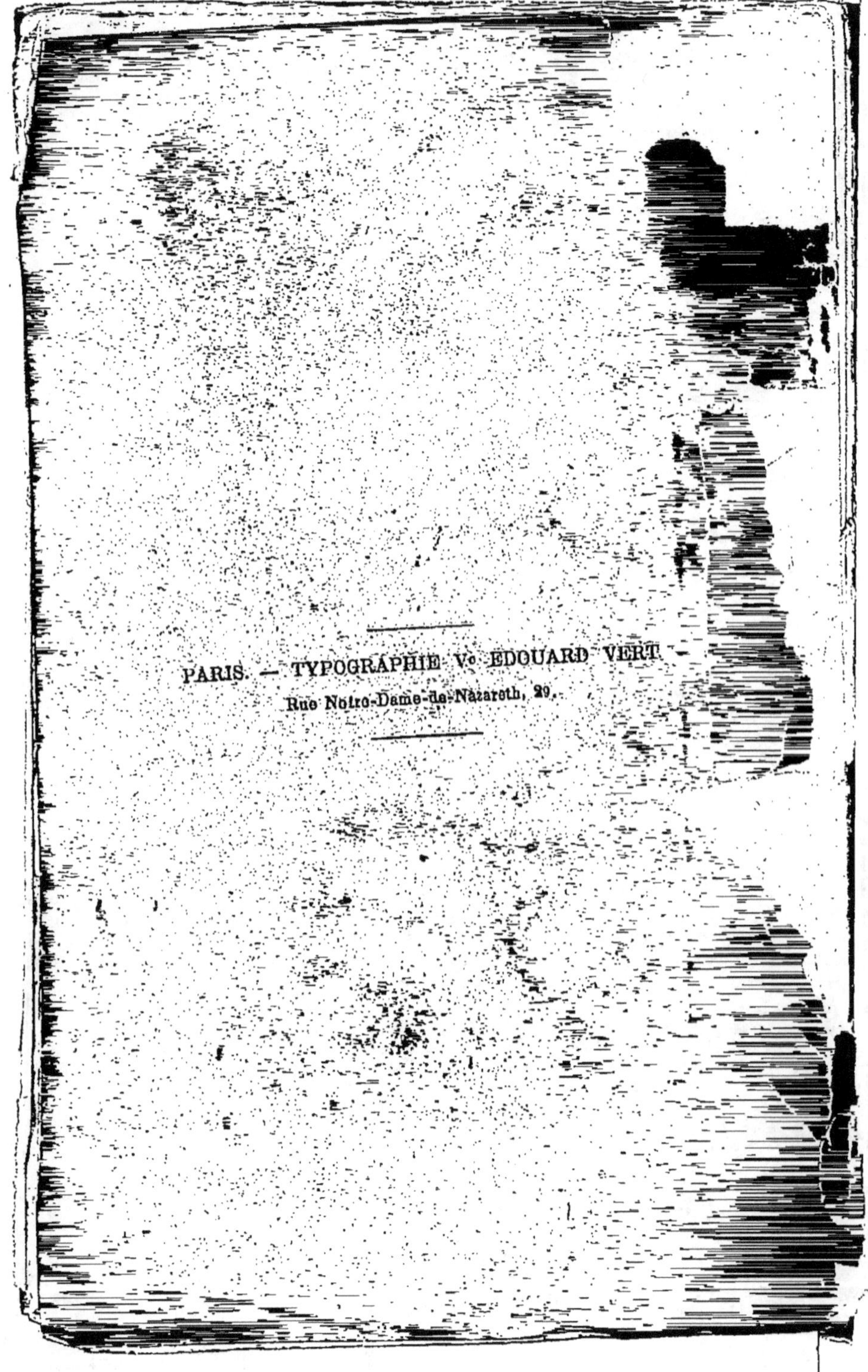

PARIS. — TYPOGRAPHIE Ve EDOUARD VERT
Rue Notre-Dame-de-Nazareth, 29.

www.ingramcontent.com/pod-product-compliance
Lightning Source LLC
LaVergne TN
LVHW010610110826
845149LV00003B/847

* 9 7 8 2 0 1 3 7 4 1 6 1 3 *